ORACIÓN ABRE CAMINO PARA QUE EL AMOR REGRESE A TI

Que necesitas para este abre caminó

Un bolígrafo

Un papel

Oración

Mucha fe y amor

1.- El primer paso. -

Tomes un bolígrafo y un papel ahora mismo, haz este abre camino de una vez por todas para que logres mejorar tu realidad y tu vida se llene de prosperidad, positividad, amor y una gran satisfacción romántica en tu vida.

2.- Segundo paso. -

Una vez que tengas listo el lápiz o bolígrafo y el papel, comienza a escribir en la parte superior de la hoja tu nombre con todo y apellido con la mejor letra que puedas escribir. Al hacer esto, estarás personalizando el hechizo lo cual aumentará su potencia pues hace énfasis en ti y maximiza la efectividad de que este camino logre abrirse.

3.- Tercer paso. -

Después, el siguiente paso es que en la siguiente línea de tu nombre escribas la siguiente oración:

"Deseo por medio de esta oración abrir mis caminos en el amor".

Aunque esta frase pueda parecerte sencilla, al escribirla con fe va a conectarte con la esencia del cosmos y de las fuerzas superiores del universo que te ayudarán a que se concrete lo que pides. La capacidad de buscar, pedir y llamar correctamente como herramienta puede hacer que lleguemos lejos y es en lo que principalmente consiste **la oración.**

4.- Cuarto paso.-

Como siguiente paso, es importante que para continuar mantengas tu **respiración pausada**, te desconectes de tus preocupaciones y procedas a copiar en tu papel la oración abre caminos que te ayudará a cambiar tu **vida amorosa** que al escribirla debes de estar positivo y mantener una actitud de gratitud hacia el poder superior y a la vida por permitirte que tu **pareja regrese a ti,** recuerda que ya que tengas la oración copiada en tu hoja que has personalizado, deberás doblarla por la mitad o de la manera que te sea más sencillo llevarla siempre contigo ya sea en el bolsillo, en la cartera o en tu mochila.

Una vez que vayas a leerla, ya sea al despertar o antes de dormir, la vas a abrir y vas a rezar la misma **oración abre caminó,** pero siempre fijándote muy bien en que lo debes de sentir desde tu interior. Este **abre caminos** posee

AMARRES Y HECHIZOS DE AMOR

Los 50 amarres más efectivos, no sufras mas por el amor de él o ella.

En este libro te presentare los 50 amarres más efectivos que puedes realizar tu mismo, sin necesidad de contratar a un brujo o chaman, algunos rituales se realizan con simples objetos que tienes en el día a día en tu hogar.

Y otros hechizos y conjuros que se realizan con algunos estados de ánimo en particular.

Si eres nuevo o nueva en esto de la magia blanca o brujería, lo único que debes tener bien presente que cada ritual lo debes realizar al pie de la letra, y poniendo todo el sentimiento y buena vibra que sea posible.

La fe es un requisito indispensable para que cada ritual funcione según sea el requerimiento que tu solicites.

Al igual que tu yo también empecé sin saber nada, pero con la practica y poniendo toda la energía positiva, logré muchas cosas en el ámbito sentimental, este es uno de mis primeros libros de amarres, pero al igual que estos, también hay conjuros para atraer el dinero y la abundancia a tu vida.

Este es solo el inicio de una serie de libros que amaras y volverás parte de tu biblioteca esotérica.

Empecemos…

HECHIZO DE AMOR CON LIMON

Para realizar el **hechizo para que vuelva mi ex con limón** necesitaremos una serie de objetos que en su conjunto crearán el objeto mágico.

Los objetos a simple vista son muy fáciles de conseguir, pero recuerda que el más importante siempre será la FE y la DETERMINACIÓN, y esos ingredientes los llevas dentro de ti.

Objetos necesarios para el hechizo:

Un limón fresco (color amarillo)
Una cinta o hilo color rojo
Color rosa y tamaño pequeño
Un bolígrafo rojo
Gran fe y determinación (IMPORTANTE)

Con todos estos objetos ya estamos listos para realizar nuestro hechizo para recuperar a esa persona que tanto extrañamos y queremos que vuelva a nuestro lado rápidamente.

Llegados a este punto no hay vuelta atrás, quieres recuperar al amor perdido, al que te hizo soñar, el que te hizo reír, el que te rompió en pedazos, ese amor que tanto añoras. Pues bien, sigue mis pasos y el **hechizo del limón** te lo solucionará.

Es importante saber, que el hechizo para recuperar a una ex pareja solo sirve con gente que ha tenido relación con esa persona más de **3 ciclos lunares**, y que la ruptura no superé los **5 ciclos lunares.**

Voy a enseñaros a hacer este hechizo para que **vuelvan a estar contigo rápidamente**, atentos

1º Paso: En el papel debemos colocar con letra clara nuestro nombre y el de la persona que queremos que regrese a nosotros. A la izquierda del papel escribe tranquilamente y con letra bonita tu nombre, y a la derecha la persona que queremos de vuelta.

2º Paso: Corta por la mitad el limón dejándolo separado en dos partes iguales. Después tienes que doblar el papel de forma que los nombres escritos en el se unan por la parte interior

3º Paso: Coloca este papel doblado en el medio de ambos trozos de limón y átalos con el hilo o la cinta roja, de forma que no los dos trozos de limón queden unidos y no se separen.

4º Paso: Es importante que durante este ritual del limón visualices como tú y tu antigua pareja volvéis a estar juntos, tienes que recordar los sitios más bonitos posibles, donde tienes mejores recuerdos con esa persona, donde te gustaría estar con ella ahora mismo, céntrate en eso solamente y en nada más.

5° Paso: Para finalizar, guarda el limón en el congelador, debe ser un aparato que hiele el limón con el papel dentro, por tanto, aconsejo guardarlo en un congelador, en una zona que nadie no toque.

Existen variantes de este hechizo, pero personalmente hablando este me funciono para recuperar a una antigua pareja que he tenido, por eso, os lo dejo aquí explicado, y sobre todo con experiencia propia de que funciona.

También quiero deciros que en menos de 2 semanas veréis resultados, si no es así, os aconsejo limpiaros el aura ya que seguramente tenéis malas vibras que os hacen ahuyentar a las fuerzas esotéricas para que os ayuden en lo relacionado con el amor.

Consejo para el hechizo de amor con limón

Para algunas personas que no saben sobre la magia blanca este hechizo puede tener poco sentido, pero la verdad es que el limón se asociada a una relación perdida, debido a que el limón y su acidez contrarresta a la mayoría de frutas en sabor, de ahí la separación también en dos mitades el limón y el juntarlas de nuevo con un hilo rojo representado el calor y el afecto.

mucho poder y es posible que, llegues a recibir algún tipo de mensaje a manera de premonición o por mera intuición.

Sin más que agregar te ponemos a tu alcance este poderoso abre camino para que lo pongas en práctica. A continuación, te damos la oración que deberás transcribir directo a tu hoja previamente personalizada, la oración es la siguiente:

Aunque TÚ ya conoces mis anhelos.
Aunque has escuchado mis pensamientos desde hace tiempo.
Ahora YO voy a materializar mis deseos invocándote DIOS de AMOR.
Te ruego para que en mi vida regrese el AMOR verdadero.
La esperanza se asoma en mi corazón al comprender que actúas para mí.
Vuelve de oro mi sonrisa, de magia mi sangre y deja que fluya mi energía.
Llévate la soledad de mi lado y permite que comparta de nuevo mi vida
Te agradezco a ti DIOS DE AMOR.
Que mi rezo y oración puedan mover tu mano, después tu mano mueva los hilos y los hilos unan mi corazón al SUYO de nuevo.
AMÉN.

Como te has dado cuenta, esta **oración abre caminos** además de ser muy sencilla es muy efectiva si se pide de la manera correcta y con fe.

Debes de tomar en cuenta que del mismo modo que
el **ritual para abrir los caminos del amor** y que tu pareja
regrese a ti, esta oración tiene un efecto muy poderoso por
lo que debes de tener cautela hacia quién lo vas a dirigir
ya que los resultados serán muy difíciles de revertir.

ENDULZAMIENTO DE AMOR CON MIEL, CANELA Y AZÚCAR

En este hechizo, vamos a introducir unos varios ingredientes como la canela y el azúcar. Son ingredientes muy eficaces en cuanto a atraer el amor se refiere. **Este hechizo de endulzamiento** se trata del ritual más poderoso de todos, ya que hemos incorporado unos ingredientes de los más poderosos.

Para la realización de este hechizo necesitaremos en este caso dos tarros de cristal, una foto de la persona que amamos y deseamos que venga hacia nosotros, un poco de canela y finalmente azúcar.

En este caso, lo ideal es que la miel sea lo más natural posible. De esta manera, nos aseguramos de que se trata de una miel nueva y qué no contiene impurezas, por lo que el efecto del hechizo será mayor.
En un tarro colocaremos la miel y en otro colocaremos la canela y el azúcar. A continuación, y con los dos tarros cerrados, deberemos de ir a un lugar tranquilo, en pleno contacto con la naturaleza, como por ejemplo un parque o un jardín.

Si tienes jardín en casa, procura que sea una zona en donde haya poco tránsito para que el hechizo pueda tener mayor efecto. Una vez que tengamos la ubicación

deseada, abriremos un agujero en la tierra y enterraremos la foto que a continuación, esparciremos la canela y azúcar por encima de la fotografía para después echar la miel. Taparemos y enterraremos bien el agujero y deberemos de recitar la siguiente oración:
A través de mi esencia te reclamo, para que pruebes la dulzura que tan solo encontrarás en mis labios

Nos marcharemos del lugar con el agujero tapado y la oración recitada y ya solo quedará esperar hasta que el hechizo cumpla su función. Podemos ver los resultados durante las próximas semanas.

(4)

HECHIZO CON VELAS ROJAS, MIEL Y CANELA

Este ritual es muy recomendado cuando
desees **enamorar al chico o chica** que aún no te ha dado
la atención que mereces. La **canela** tiene un gran poder
de atracción, él o ella no podrá negarse a tus encantos.

Necesitas:

Tres velas de color rojo.

Miel.

Canela.

Lápiz.

Una hoja de color rojo.

Un vaso.

Una bolsa pequeña.

Es esencial que hagas el **ritual** durante un fin de semana
al atardecer. Cuando hayas conseguido esos elementos,
busca un sitio de tu casa que sea cómodo y en el que te
sientas bien para colocar las 3 velas rojas. Luego las
enciendes, comenzando por la derecha.

Escribe en la hoja el nombre de tu enamorado, también su
fecha de nacimiento (*en el caso de que la conozcas*) y una
pequeña descripción de sus características físicas. Voltea
el papel y anota lo mismo, pero con tus datos.

Vierte un poco de miel en el vaso, es fundamental que no supere más de la mitad de su capacidad, después le añades la canela. Ahora, dobla la hoja en 8 partes una vez doblada tendrás que dejar la hoja dentro del recipiente. Es momento de que recites dos veces una poderosa oración dedicada al ángel del amor, Anael:

"Oh Anael, tú que eres el ángel que beneficia al amor, te imploro me ayudes a enamorar a (pronuncia el nombre de la otra persona) con el dulce de la miel. Yo, (di tu nombre), estoy dispuesto a amarlo incondicionalmente, porque el fuego me dará la paciencia necesaria para que los dos seamos felices por los siglos de los siglos. Amén".

Quema el papel con la llama de la vela que hayas colocado a la izquierda. Después guarda las cenizas en una bolsa, trata de que no quede ningún residuo fuera. Deja que las tres velas se terminen de consumir, cuando eso suceda, desecha los elementos que usaste en el vaso y lávalo como lo harías normalmente. Los restos de cada vela también los colocarás en la bolsa.

Al otro día irás a un lugar que frecuente esa persona, si sabes en dónde vive, mejor, ese será el sitio. En el caso de que el ritual lo estés realizando para fortalecer tu relación, tendrás que ir a la habitación en la que duermes tú y él. **Lo que harás es esparcir las cenizas de la hoja y la vela en una zona cercana, así las energías positivas irán directamente hacia él.**

(5)

RITUAL CON UNA VELA ROJA Y MIEL

Te aconsejo realizar este hechizo cuando la persona que tanto amas se ha alejado de tu vida y lo quieres recuperar. Es un hechizo sencillo y poderoso, por tanto, recomiendo hacerlo siempre y cuando busques **recuperar a esa persona tan especial**.

Elementos que necesitas:

Una vela roja.
Miel.
Pétalos de rosa roja.
Un cuchillo.

El día recomendado para que desarrolles la ceremonia es el lunes. Empieza tallando las iniciales de la otra persona en la vela, después harás lo mismo, pero con las tuyas.

Reflexiona durante algunos minutos sobre los problemas que has tenido con la persona que amas, recuerda con detalle todo lo que os ha llevado a esa situación, quien ha cometido más errores y como podría haberse solucionado.

Es fundamental que luego de recordar esas dificultades **pienses en su posible solución**. Para finalizar la meditación, imagina que esa persona regresa a tu lado más enamorado que nunca.

Ahora pon la miel alrededor de la vela, es primordial que te enfoques en el sitio que tallaste las iniciales. No pongas miel en la mecha de la vela, solamente alrededor de ella, por los lados y con cuidado. **Luego pega los pétalos, no es necesario pegamento, ya que la miel tendrá también esa función.**

Ha llegado el momento de encender la vela, hazlo con devoción y mucha FE, nuevamente imagina a ese chico regresar a tu lado y que ya no volverán a aparecer las dificultades del pasado. Permite que se consuma por completo. Por último, guardarás las cenizas en tu billetera, si usas, o en una bolsa, que llevarás junto a ti en tu vida diaria.

HECHIZO CON MIEL, MANZANA Y DOS VELAS ROJAS

Si quieres **casarte con el amor de tu vida**, pero aún él no ha dado el paso importante, que es pedirte matrimonio, entonces esta ceremonia es para ti. También es muy eficaz en el caso de que todavía no hayas conseguido una pareja estable y desees tener la boda soñada.

Materiales que necesitarás:

Dos velas rojas pequeñas.
Miel.
Dos manzanas rojas.
Un cuchillo.

Inicia lavando muy bien las dos manzanas, después cortarás la parte superior de cada una. Lo que harás es con cuidado sacar lo que trae la manzana en su interior con el cuchillo.
Talla en las velas las iniciales de tu nombre y las de tu pareja, si aún no tienes, coloca la a, la cual representará el amor. **Es esencial que queden un poco separadas, porque en el medio vas a grabar la M, que simboliza el anhelo que posees de tener una gran boda.** Haz el mismo proceso en cada vela.

Baña las dos velas con miel y permite que se sequen durante algunos minutos. A continuación, introduce cada vela en la manzana correspondiente y préndelas con gran devoción.

Es hora de que recites la siguiente oración a San Antonio, el santo de los esposos:

"San Antonio, tú que me conoces, sabes que anhelo casarme con el amor de mi vida. Hoy te pido me favorezcas en mi propósito, en ti confío. Amén".

Repite esta oración durante 10 días consecutivos para que el santo del matrimonio te beneficie en tu vida.

Apaga las velas el primer día, no las vuelvas a encender hasta el último día, en el que vas a prender cada una y permitir que se consuman por completo.

Consejos adicionales para tus rituales

Previo a realizar la ceremonia reza el **salmo 111**, el cual es conocido por ser el salmo del amor.

Construye un altar decorado con los colores blanco y rojo, es opcional, pero te lo aconsejo debido a su increíble eficacia.

En el hechizo para enamorar al chico ideal, te sugiero buscar una imagen de **Anael**. Igualmente, en el ritual para que tu amado te pida matrimonio, adquiere algo relacionado a **San Antonio**, puede ser una pequeña estatua o una estampa con una imagen de él.

Estos hechizos y rituales de amor son realmente útiles si entre ambas personas existe un vínculo especial, por así decirlo un **amor verdadero**, es cuando la magia puede ayudar, pero cuando el amor simplemente es pasajero y ha durado poco, siento decirte que la magia blanca puede hacer.

Cuando una relación lleva poco junta no se han creado las energías suficientes como para poder recuperar a una persona de esta manera, pero cuando el amor es eterno y han llevado por lo menos un año o más, **ya se han creado los lazos y energías suficientes** como para poder invocar a las energías esotéricas de la natura para que vuelva a unir esas dos energías, ahí es cuando si podemos hacer algo.

HECHIZO PARA QUE PIENSE EN MÍ Y ME BUSQUE

Resulta imposible elegir a la **persona de la cual nos enamoramo**s y precisamente por esto, a veces el amor duele.

En algunas ocasiones, aunque nos enamoremos, no llegamos ni a conocer a la persona y en otras, está directamente no quiere tener nada con nosotros o ya se encuentra comprometida en una relación.

Si sufres o has sufrido alguno de estos problemas, no te preocupes, ya que, como todo en la vida, tiene solución.

En este caso la solución que te proponemos es bastante sencilla e inocua, unos **hechizos de magia blanca a través de los cuales lograremos que esa persona ya no solo piense en nosotros**, sino que venga a buscarnos para iniciar una relación. Veamos cómo funciona.

Materiales para el Hechizo para que Piense en Mí y me Busque

Una vez que estés tranquila y en paz contigo misma, procedemos a reunir los materiales. **En este caso, a través del hechizo vamos a crear un amuleto para que piense en nosotros.**

Te harán falta una tela natural de color rojo, a poder ser que sea de algodón o de lino, una aguja, un hilo, también de color rojo, un cuarzo rosa, diez pétalos de color rojo, un papel blanco, un bolígrafo de color rojo y un poco de romero.

Una vez reunamos todos estos materiales, ya podremos comenzar el **hechizo para que nos piensen** y recuerda seguir todos mis pasos.

Cómo hacer el Hechizo para que Piense en Mí y me Busque

Para empezar, si quieres que el hechizo tenga una mayor fuerza, te recomendamos que lo realices durante un viernes por la noche, **con la luna en fase creciente**.

Lo primero que tendrás que hacer es escribir en el papel con el bolígrafo rojo el nombre completo de la persona que quieres que no deje de pensar en ti. **Ahora, nos prepararemos para crear un saco con nuestros materiales**.

Utilizaremos el trozo de tela y la aguja para confeccionar una bolsa sencilla. Esta bolsa tiene que estar creada por ti, es importante. De esta manera, no se trata de ninguna opción el poder comprar una bolsa prefabricada, tiene que estar hecha por ti.

Cuando tengas el saquito creado introduce en el mismo en
orden el **cuarzo rosa**, el romero y los pétalos rojos. Una
vez que se encuentre todo dentro, procederemos a
cerrarlo con el lado rojo y lo colocaremos debajo de la
almohada para que la luna nos aporte su poder.
Este pequeño saco se ha convertido en nuestro amuleto,
un amuleto que podremos llevar junto a nosotros, a
todas partes, con el que conseguiremos la atención de la
persona deseada.

Verás como con el paso del tiempo y llevando nuestro
saquito encima, poco a poco notas como esa persona se
va acercando a ti hasta que finalmente caiga rendida a tus
pies.

HECHIZO DE AMOR PARA AFIANZAR LA RELACIÓN

A diferencia del hechizo anterior con el que pretendíamos llamar la atención de una persona que no estaba en nuestra vida, con este hechizo lo que vamos a hacer es **afianzar nuestra relación** para eliminar con ello todas las dudas o problemas que la pudieran poner en peligro.

Este hechizo también nos ayudará a **fortalecer los vínculos afectivos dentro de la pareja**, ya que con el tiempo pueden haberse visto afectados por las rutinas o monotonía, y qué la pareja, por tanto, se haya visto perjudicada. Aprende a cómo recuperar la magia del principio.

Gracias a este hechizo, **la relación con nuestra pareja será mucho más fuerte** y ambos ganaremos en seguridad.

Materiales para el Hechizo de Amor para Afianzar la Relación

En este hechizo los materiales cambian. Uno de los componentes más importantes será disponer de una prenda de ropa interior de tu pareja además de una prenda de ropa interior tuya.

Necesitarás también una cinta de color lila, una olla, un poco de miel, con dos cucharadas será más que suficiente, un poco de lavanda, una tela seda que sea de color blanco, un frasco a poder ser opaco y una planta con flores rojas.

Cómo hacer el Hechizo de Amor para Afianzar la Relación

En este caso, también tendremos que preparar el hechizo en un momento específico, con la **luna creciente**. Si hacemos el **hechizo durante esta fase de la luna,** la persona a la que se lo estemos realizando estará mucho más receptiva.
Si tienes prisa por realizarlo, no importa que lo hagas durante cualquier otro día. Si el hechizo tiene menos potencia, con volverlo a repetir de nuevo cuando haya pasado un plazo considerable de tiempo, no habrá ningún problema.

Lo primero que tenemos que hacer es coger las dos prendas de ropa íntimas y atarlas entre sí con nuestra cinta lila, creando un lazo entre ellas. **El paso siguiente será llenar la olla de agua e introducir las prendas que hemos anudado.**

Dentro de esta olla, echaremos las dos cucharadas de miel y lo pondremos a hervir. Cuando el agua se encuentre en ebullición, será el momento de parar, lo reservamos a un lado y dejamos enfriar para poder proseguir.

Mientras dejamos que la olla y su contenido se enfríen, limpiaremos el frasco opaco y cuando ya podamos manejar cómodamente el interior de la olla, verteremos el líquido que hemos obtenido dentro del mismo. **Las prendas íntimas anudadas las deberemos de dejar al sol para que se sequen.**

Cuando el sol haya hecho su función y haya secado la ropa, deberás de envolver las ropas anudadas en el trozo de senda blanco y añadir al mismo un puñado de lavanda. Ahora con este ato preparado, deberemos de guardarlo dentro de un armario, en la parte más accesible del mismo para que nadie lo vea y por lo tanto no pueda acceder al mismo.

Para terminar, **finalizaremos el hechizo regando al día siguiente la planta con flores rojas con el líquido que hemos introducido en el frasco.** Una vez hecho esto, lo único que tenemos que hacer ya es esperar y dejar que la pasión dé sus frutos.

Verás como en muy poco tiempo sientes que tu **relación cobra más fuerza y por lo tanto os sentís más unidos.**

RITUAL PARA RECUPERAR A TU EX CON MAGIA BLANCA

En este tipo de conjuros, no importa cómo se hayan dado los problemas, ya que lo que se va a hacer es **rejuvenecer el amor** de ambas partes sin que esto afecte al libre albedrio de la persona, es decir, en realidad se puede ver como si el amor entre ambos, estuviese intacto, sin peleas o sin las causas que llevaron a este punto a separarse. Este hechizo se basa en la cura del dolor emocional.

Este **tipo de hechizos** no deben tomarse a la ligera, es adecuado que sepas que todas las relaciones terminan por algo y cuando la relación está dañada en exceso, la persona es tóxica para nosotros o incluso esa nueva persona ha comenzado una nueva vida y es feliz, no debemos usar este tipo de conjuros, ya que podemos cambiar el futuro de las personas a peor.

Para poder llevar este conjuro a la perfección y atraer a tu antiguo amor vas a necesitar

1 hilo rojo

1 trozo de papel pequeño

1 poco de romero seco, si puede ser fresco mucho mejor

1 moneda que debes recoger de la calle que simbolizará a la persona perdid

Cómo se lleva a cabo el conjuro

Recuerda que siempre que vayas a realizar un conjuro, debes estar solo, ya que cualquier tipo de interrupción, ahuyentará a cualquier fuerza que venga en tu ayuda para la realización del mismo.

Lo primero que haremos es colocar en el interior del sobre el nombre de la persona que queremos atraer, en este caso de nuestro ex. Después, debemos frotar el romero en la moneda y mientras tenemos el romero y la moneda en la mano, debemos decir el nombre de nuestro ex completo, de forma lenta.

Debes decirlo 4 veces seguidas. Mientras lo vas diciendo lentamente, debes mirar en las cuatro posiciones elementales: Norte, sur, este y oeste. Si no sabes exactamente dónde está cada dirección, debes usar una brújula, ya que es muy importante que si lo hagas en la posición correcta.

Ahora, coloca la moneda dentro del sobre y séllala por completo, después enrollada en un tubo. Ahora dale un beso y mientras lo haces, piensa en la persona que amas. Ata también un hijo rojo y colócalo alrededor del sobre para que quede completamente compacto. Debes guardarlo en un lugar especial. Después es el turno del romero, debes ir a un lugar en el que notes brisa y soltarlo mientras piensas en como él regresa hacia ti.

Una vez terminado solo repite, así sea

HECHIZO PARA UNIR A PAREJAS SEPARADOS POR LA DISTANCIA

Otra de las razones que separa a las parejas, es la distancia, lo que hace que muchas parejas se distancien emocionalmente por trabajo o por estudios. La idea de este conjuro es volver a juntarlos. Si este es tu caso y quieres lanzar este conjuro, debes hacerlo en las noches de luna llena o luna nueva.

Ingredientes que debes usar para este conjuro:

1 vela rosa sin olor Incienso de vainilla suave

1 cucharada de semillas de cilantro de preferencia fresco

1 trozo de papel pergamino

1 cucharada de semillas de amapola

1 pluma de tinta rosa

1 cucharada de albahaca seca

Cerillas

3 gotas de aceite de jazmín

Caldero o plato a prueba de fuego

Para realizar este conjuro, lo único que debes hacer es dibujar un círculo en el cual se va a realizar todo el ritual. Debes invocar esto en las 4 direcciones. Lo primero es encender la vela rosa y colocarla en el centro de nuestro círculo, pero en la parte posterior del mismo.

Después, se debe encender la vela y con ella, se enciende el incienso. Este debe colocarse en la parte derecha del altar.

Ahora es el turno de usar un trozo de papel pergamino en el cual debes escribir los nombres de la persona que quieres y el tuyo, completos. Los nombres deben estar escrito con tinta rosa y debes colocarlos en el centro del altar.

Mientras dices tu nombre y el suyo, debes dejar caer al menos 7 gotas de cera sobre los nombres y visualizando a tu amante regresando a ti. Después, debes colocar las semillas de cilantro y unas semillas de amapola, sobre la cera junto a la albahaca.

Una vez que tengas todos los ingredientes juntos, debes poner tres gotas de jazmín. Mientras caen las gotas, de nuevo visualiza a tu amante regresando a ti y pidiendo que se den una segunda oportunidad.

Ahora, debes doblar el pergamino 7 veces y asegurarte al 100% de que todos los ingredientes quedan en el interior del mismo.

Coloca la mezcla que acabas de hacer en un caldero y enciende el fuego, después deja que se queme por completo. De nuevo debes agradecer desde dentro del círculo en las 4 direcciones.

Una vez que se quemen, saca las cenizas del caldero y tíralas a un rio o mar. Coloca el papel con la mezcla en el caldero y enciéndelo fuego. Deja que se queme.

Quita las cenizas del caldero y deséchalas en un cuerpo de agua en movimiento como una corriente o un río.

HECHIZO DE AMOR MUY FUERTE PARA QUE REGRESE ARREPENTIDO

Lo primero que debes tener es una fotografía del ser amado y sujetarla contra la pared de la cabecera de tu cama. Colchándola en la cabecera, hará que fije sus pensamientos en ti.

Después de 7 días, toma la vela de color rojo y la foto, colócala con la cara hacia abajo sobre una mesa y la vela encima. Déjala encendida durante tres horas durante la noche y tres horas durante el día. Debes repetir esto al menos por 7 días. Este es el plazo en el que se estima que dicho ser amado regrese a ti.

En caso de que a los 7 día son tenga aun efecto, debes tomar de nuevo la fotografía y colocarla sobre un vaso de agua, después dejar dicho vaso de agua debajo de la cama.

El siguiente atardecer, escribe su nombre en cuatro hojas de papel y pon cada nombre en las esquinas de tu casa, déjalos toda la noche y el volverá a tu casa.

Por último es importante volverte a recordar, que este tipo de hechizos no se deben usar siempre. Recuerda que, si una relación acabo y esa persona logro rehacer su vida, no debes atraer de nuevo a esa persona, sino más bien invocar a un nuevo amor para ti. Evita destrozar el futuro ya establecido.

RITUAL PARA PREVENIR UNA RUPTURA

A menudo, los factores que están fuera del control de los individuos pueden causar la discordia para crear las circunstancias que provocan hacia la separación y el divorcio.

Un ritual para prevenir o detener una **ruptura, separación y divorcio** trabajará para conseguir el control de nuevo, crear un compromiso más fuerte, y detener la separación y el divorcio. La negatividad y las dudas en la relación con nuestra pareja que causan los problemas y la brecha que puede llevarnos a la ruptura y, por lo tanto, debemos intentar cambiar la influencia positiva de la energía en nuestra relación.

Hay que tener en cuenta que la magia blanca no es ni más ni menos difícil que la magia negra, puesto que este tipo de magia también puede tener consecuencias igual que cualquier tipo de magia. Recuerda que los rituales o hechizos que realices pueden volverse en tu contra multiplicados.

Este ritual es de gran ayuda ya que, los problemas de la relación, no importa cuán común o extremos sean, se reduzcan. Aunque, sin embargo, la magia blanca puede no producir los resultados que deseamos inmediatamente, pero esto no significa que nuestro ritual haya fallado, significa que el universo tiene en el almacén otro tipo de cosas mejores para nosotros y nosotras.

Usar este ritual o hechizo para guardar una relación que parece estar condenada por completo, puede que el estado en el que quede nuestra relación no concuerde con nuestras propias expectativas por un tiempo determinado, por lo que debemos también trabajar nuestra paciencia y no caer en la desesperación.

Es distinto prevenir una ruptura que volver con un ex. Debemos tener claro que este ritual no es un ritual que sirva para conseguir que una persona que ya no forma parte de nuestra vida vuelva a ella, sino para poner "la venda antes de la herida", puesto que si tenemos una problemática de pareja que no somos capaces de arreglar, este ritual de magia blanca nos puede ayudar a solucionarlo antes de que sea demasiado tarde y tengamos que recurrir a otro tipo de rituales o hechizos más complicados.

Cosas que necesitaremos para realizar este ritual

Una vela de color rosa que sea lo suficientemente gruesa como para realizar un escrito
Una vela de color rojo que sea lo suficientemente gruesa como para realizar un escrito
Cerillas o fósforos (hechos de madera)
Palillos

Un pedazo de papel de pergamino

Un lápiz.

Cómo lanzar este ritual de magia blanca para prevenir una ruptura.

El primer paso que debemos realizar es, con la vela de color rosa, escribir en ella nuestro nombre utilizando el palillo para que quede bien.

En el caso de la vela de color rojo, debemos usar el palillo para escribir en ella el nombre de nuestra pareja, esposa o marido.

A continuación, es el momento de encender primero la vela de color rosa con la cerilla o el fósforo de madera (no utilizar nunca un encendedor o un mechero). En segundo lugar, encender la vela de color rojo de la misma manera.

Durante los siguientes treinta minutos, debemos centrarnos en la vela mientras se quema: tenemos que visualizar la situación que estamos pasando, los problemas que tenemos, cuánto deseamos parar el divorcio o la separación de nuestra pareja, etc., y poner toda nuestra energía en ello.

Posteriormente, tendremos que coger nuestro lápiz y nuestro pedazo de pergamino y escribir tres corazones en él, no hace falta que sean perfectos ni tampoco que sean iguales.

Ahora es el momento en el que, con mucho cuidado, vamos a coger nuestra vela de color rosa y a rellenar nuestros tres corazones con la cera que sale de nuestra vela (sin apagarla en ningún momento).

Mientras hacemos esto, debemos centrarnos y poner toda nuestra energía en visualizar todo lo que estamos dispuestos y dispuestas a cambiar y la cantidad de amor que vamos a dedicarle a nuestra relación y a nuestra pareja.

Una vez que nuestros tres corazones de pergamino estén completamente rellenos con la cera de nuestra vela de color rosa, tenemos que soplarla y comenzar a realizar el mismo proceso con la vela de color rojo. En este caso, cuando caiga la cera debemos visualizarnos juntos, centrar nuestra energía en lo que queremos recibir a cambio por parte de nuestra pareja para que la relación siga hacia adelante y la separación se detenga.

Una vez que los corazones estén rellenos totalmente, será el momento idóneo para soplar y apagar nuestra vela de color rojo.

Debemos repetir, durante siete días, estos pasos utilizando el mismo pedazo de pergamino haciendo tres corazones nuevos cada vez que se inicie el ritual durante cada sesión.

En el último día, de estos siete, tenemos que dejar que las

velas se quemen por sí solas cuando terminemos de
rellenar los corazones en el pedazo de pergamino.

Por último, debemos ocultar este pedazo de pergamino en
un lugar seguro donde nadie pueda encontrarlo y tampoco
comentarlo con nadie y, mucho menos, con nuestra
pareja, puesto que es parte implicada en el ritual y, hacerlo
conocedor de ello, hace que tengamos que volver a
empezar el ritual desde cero.

HECHIZO ABRE CAMINOS PARA QUE TE SUEÑE

Para **llevar a cabo el ritual, necesitaremos de una serie de ingredientes**. En primer lugar, nos hará falta un papel de color blanco, importante que no tenga ni líneas ni cuadros, es decir, que sea un folio completamente en blanco.

Nuestro perfume favorito o el que usemos día a día. Si eres una persona que no utiliza habitualmente perfume no te preocupes, ya que puedes emplear el desodorante o loción en su lugar. Finalmente, también será necesario un bolígrafo de color rojo. Si no tienes bolígrafo a mano, puedes emplear un lapicero o rotulador, **la importancia es que este sea siempre de color rojo**.

A la hora de llevar a cabo el ritual, debes de asegurarte de contar con una cantidad de tiempo de unos 15 minutos para llevarlo a cabo. Esto es debido a que no tienes que tener nunca prisa ni debes de ser molestado por nadie. **La tranquilidad es muy importante para que el hechizo tenga éxito**, por lo que deberás de procurar que la franja de tiempo utilizada es exclusiva para ti y nadie va a alterarla con su presencia. Para empezar, deberemos de coger el papel y cortaremos un cuadro grande. En este caso, bastará con doblar nuestro folio por la mitad.
Con nuestro cuadrado de papel cortado, lo frotaremos con fuerza con nuestra mano para transmitir toda nuestra

energía al mismo. A continuación, con el bolígrafo de color rojo escribiremos en la parte superior izquierda del papel nuestro nombre y apellido. Es importante escribir el nombre en toda una misma línea, sin cortarlo.

En la esquina inferior derecha, repetiremos el mismo proceso, es decir, escribir en una línea nombre y apellido, **pero en este caso de la persona que queramos que sueñe con nosotros**, es decir, el objetivo de nuestro ritual.

Con los dos nombres escritos en cada una de las esquinas, ahora llega el turno de escribir en medio del papel. En este caso, hay que escribir el deseo del ritual, por lo que escribiríamos "<u>sueña conmigo</u>" ya que es lo que estamos pretendiendo con esto. Cuando lo tengamos escrito, tenemos que unir los dos nombres con una misma línea y esta tendrá que pasar por donde hemos escrito nuestro deseo, es decir, por la parte media del papel.

En la zona del medio, donde se ha cortado la línea, **deberemos de dibujar un corazón que representa el amor**. La línea que hemos utilizado, representa una simbología religiosa muy poderosa que representa la unión de las dos almas, por lo que conseguiremos que la persona que queramos se una a través de nosotros en sueños con su alma.

El siguiente paso es coger el perfume y aplicar un poco del mismo en las tres zonas del papel. En primer lugar, a nuestro nombre, después en el nombre de **la persona que queramos que sueñe con nosotros** y, por último, en el centro del papel, en el deseo. Con el papel impregnado de perfume llegamos al acto final que consiste en hacer cuatro dobleces hacia el centro, cada uno en las cuatro esquinas.

Es importante que estos dobleces siempre vayan hacia nosotros, ya que representa que **estamos atrayendo a la persona sobre la cual estamos realizando el hechizo.** Cuando ya tengamos el papel completamente doblado, llegará el momento de cerrar el ritual. En este caso, deberás de colocar tus dos manos abiertas, una a cada lado del papel y recitar la siguiente oración.

"Santísima Trinidad, dadora de la vida, fuente primordial del amor, pido tu intersección para que mi ser amado sueñe conmigo. Humildemente te lo digo, para que se haga realidad"

Finalizado el hechizo, pondrás este papel debajo de tu almohada durante tres días, **que serán los días en los cuales la persona hechizada soñará contigo** hasta que finalmente logres atraerla hacia ti.

(14)
HECHIZO DEL PAPEL PARA QUE SUEÑE CONMIGO

Este otro hechizo es recomendado solamente para personas que quieren recuperar a
una **expareja** o **reavivar el amor entre dos personas**. Es un hechizo bastante sencillo, pero de los más eficaces. Solamente necesitaremos un objeto personal de la otra persona, por ejemplo, una camiseta, cepillo, o similar. También necesitaremos un papel de color rosa y un lápiz.

Teniendo ya todos nuestros materiales, vamos a proceder a hacer el **hechizo del papel para que sueñen con nosotros**. Empezaremos escribiendo en el papel el nombre de la persona que queremos reconquistar, la fecha que empezó a la relación y la fecha en la que termino.
Doblaremos varias veces el papel, y lo pondremos debajo de nuestra almohada. Ahora, pondremos encima el objeto de la otra persona, es recomendable que no sea un objeto grande, a poder ser ropa o similar. Una vez colocado todo debajo de nuestra almohada, nos dispondremos a dormir, pero antes tendremos que recitar el siguiente rezo.

"Poderosas energías que formáis el todo, yo os ruego e imploro vuestra ayuda. Hagan que la persona amada me sueñe, piense y me necesite. Necesito a esta persona en mi vida, porque juntos nos complementamos, juntos somos mejor. Yo ruego que esta plegaria sea escuchada. Amen"

Una vez terminado, cerraremos los ojos y nos dormiremos. Si nuestras palabras han sido escuchadas, la otra persona deberá soñar con nosotros, o al menos aparecer en ciertos momentos en sus pensamientos. Es un **hechizo de amor eficaz, sencillo y rápido** de hacer, espero que te haya servido de ayuda.

Como has podido comprobar, son rituales y abre caminos de magia blanca, en ningún momento va a ir en contra de la voluntad o la libre decisión de nadie, por tanto, no va a hacer nada negativo a nadie la relación de estos hechizos.

ORACIÓN PARA DOMINAR A UNA PERSONA
(PODEROSA Y RÁPIDO)

La famosa **oración para dominar a una persona** es conocida por su eficacia y sencillez, nos ayuda a que una persona se calme y entre en razón, también se denomina **amansar**. Puedes usar esta oración cuando alguien no quiere entrar en razón y a pesar de haberle dicho tus argumentos sigue sin cambiar de opinión, es bastante eficaz con **parejas** y **amigos cercanos**.

Esta oración también se puede usar cuando una persona esta enfadada con nosotros, es eficaz en situaciones de adversidad entre dos personas, pero debe existir un vínculo emocional cercano para que la oración sea lo más eficaz posible, cuanto más cercana sea la persona más poderosa será esta oración.

Oración para dominar a una persona

Esta primera **oración para dominar a una persona va destinada** a parejas que se han roto o han tenido recientemente una discusión, ayudará a que la otra persona se calme y se siente contigo a hablar.

Para que esta oración sea eficaz, te recomiendo comprar una vela roja y bañarla con agua bendita, el agua puedes obtenerla de una iglesia o parroquia cercana, también puedes pedirle a un sacerdote o cura que te bendiga agua.

Este rezo vas a hacerlo durante 5 días, lo tendrás que hacer una vez por la tarde y otra por la noche. Cada vez que hagas el rezo, enciende la vela 10 minutos

La oración para dominar a una persona es la siguiente:

Espíritu que, de la tranquilidad, te estoy invocando para que me ayudes a calmar a (pronuncia el nombre de la otra persona), porque él debe regresar a mi vida. Ayúdale a mejorar, que sea más tolerable, honesto y sincero.
Por favor, permite que venga hacia mí tranquilo para que podamos hablar, porque ha pasado mucho tiempo desde la última vez que nos vimos. Quiero aclarar las cosas para que no me vuelva a abandonar y podamos ser felices sin separarnos.
Únicamente podrá pensar en mí, al igual que yo solo pensare en (nombre de la persona), sé que tú puedes lograr eso. Espíritu divino ayúdame, te lo imploro de rodillas y con la convicción de que no me abandonarás.
Te ofrezco esta llama como símbolo de la gratitud que tengo hacia ti, porque siempre auxilias a los desprotegidos. Creo firmemente en tu poder y nunca dudaré de eso.

Deseo con toda el alma que (pronuncia el nombre de la otra persona) solamente me desee a mí y en cada instante yo esté presente en sus pensamientos. Espíritu de la tranquilidad, yo en ti confío.

Que así sea. **Amén**.

La oración para amansar a una persona enojada es la siguiente:

Santa Marta de Betania, tú que siempre seguiste a Jesús, ayúdame, hoy necesito inmensamente de ti. Quiero que el hombre del cual estoy enamorada me vea como el primer día, quiero esto para que no me abandone ni me engañe con otra persona.

Deseo que limpies su corazón y alejes toda la maldad que le impide estar conmigo para que él pueda amarme sin ningún tipo de duda. Ilumina nuestro camino, quitando todo lo que nos hace daño y no permite que estemos juntos.

Bondadosa y venerable Santa Marta, tú conoces perfectamente lo que siento por (di el nombre de tu amado) y sabes que no tengo malas intenciones, solamente anhelo estar junto a él y formar un hogar bendecido por el Señor.

Santa Marta de Betania, hermana de Lázaro y María, abre el corazón de ese hombre que aún no ha sentido lo que es el verdadero amor. Quiero que podamos estar por fin juntos y no haya problemas en nuestra futura relación.

Tú que viviste en los tiempos de Jesús y aprendiste de él lo fundamental que es el amor, auxíliame. No me abandones, yo te juro que jamás me olvidaré de ti, mi santa gloriosa.

Estaré agradecida contigo durante toda mi vida, Santa Marta bendita, no habrá día en que no te rece y agradezca por esa bendición que tú me vas a brindar. Él es el hombre al que amo y con el cual quiero estar por el resto de la eternidad.

Que así sea. **Amén**

Es una oración muy eficaz, y debes hacerla siempre y cuando estés seguro que quieres recuperar a esa persona. Una vez hecha, tendrás que esperar a ver sus resultados a los pocos días, mientras tanto te recomiendo seguir haciendo la plegaría hasta que veas sus efectos.

ORACIÓN PODEROSA PARA DOMINAR A UNA PERSONA

San Marcos fue el fundador de la iglesia de Alejandría, posteriormente también sería su primer obispo. Él es célebre por haber escrito el evangelio según San Marcos y es el santo Indicado para enamorar y desesperar a un chico. Es uno de los santos a los que se le suele hacer peticiones para recuperar amores o amistades.

Esta **oración poderosa para dominar a una persona** es diferente a las otras, ya que puedes recitarla también para recuperar una amistad perdida, y te te ayudará a enterrar las diferencias y dejar el pasado atrás.

La oración poderosa para dominar a una persona es la siguiente:

San Marcos, tú que eres reconocido por dominar leones, ayúdame a controlar y amansar a (nombre de la persona) la cual es una persona muy importante en mi vida, quiero que las cosas vuelvan a ser como antes ya que extraño a esta persona en mi vida.

Tú que te encargaste de evangelizar a todo el mundo y nunca renunciaste a Dios, ayúdame a recuperar a (pronuncia el nombre de tu enamorado) ya que hace falta en mi vida para seguir por el camino correcto.

Nunca he dejado de creer en Dios y su poder, así como tú tampoco lo hiciste durante toda tu vida. Por eso creo que las segundas oportunidades siempre funcionan siempre que se hagan de corazón y por un bien noble, ayúdame San Marcos.

¡Oh San Marcos de León!, glorioso y bondadoso evangelista, sé que me vas a favorecer. Por favor, te imploro tu humilde ayuda para recuperar a esta persona en mi vida.

Que así sea. **Amén**

Repite 7 días seguidos esta petición para que **San Marcos** te escuche y pueda ayudarte. Si es posible, te aconsejo conseguir alguna imagen representativa de él o un león, y mantenerla cerca cuando realices tus peticiones.

Cualquier **oración para dominar a una persona** representa unos lazos espirituales fuertes entre ambos, por tanto, debe existir una relación de amor o amistad de muchos años para que estas oraciones funcionen, no servirán para aquellos vínculos emocionales débiles.

Además, te recomiendo realizar siempre las oraciones con buena fe y nunca buscando perjudicar a una tercera persona, de lo contrario muy posiblemente la petición no sea escuchada, ya que la **magia blanca** solo busca el equilibrio, paz y armonía.

17

HECHIZO QUE TE HARÁ VOLVER CON TU PAREJA

Para realizar alguno de los **hechizos que te harán volver con tu pareja** necesitaras tener paciencia y creencia en lo que estás haciendo. Dado a su potencial que tiene cada uno de ellos, estos son lo más eficaces bajo mi punto de vista, y que no necesitas materiales muy difíciles de encontrar. Se que existen infinidad de **hechizos de amor,** pero para lo que estamos buscando nosotros, con los siguientes hechizos podremos lograrlo sin problemas.

Voy a explicar uno a uno los **hechizos que te harán volver con tu pareja,** vale destacar que son verdaderamente fructíferos para el mundo amoroso. Dado a que tendrás un buen resultado al poco tiempo de haberlo realizado.

Recuerda que es aconsejable realizar solo uno de los 4 que os voy a explicar, si por cualquier motivo realizas dos, no pasa nada, solamente que el efecto será el mismo.

Encantamiento para que vuelta en menos de 3 semanas

Con este **ritual de amor** logramos que nuestra pareja regrese a nosotros en menos de 3 semanas, parece un tiempo demasiado largo, pero no lo es. Normalmente los hechizos de amor tardan entre 1 a 3 meses en hacer efecto, depende del motivo de la ruptura.

Puedes realizar este hechizo cualquier día de la semana, sin importar día o ciclo lunar.

Materiales que necesitaremos

3 **pétalos de una rosa** color blanca
Agua **de mar**
Un lápiz a poder ser de dibujo
Hilo **color rojo**
Algún **envase que tengamos por casa**
Un **vaso de vidrio**
Una **tela color rojo**
Perfume
Hoja de papel

Proceso para realizar el hechizo

Coloca a **hervir el agua de mar**. Ya con el agua hervida, bajaremos la llama y **colocaremos los pétalos**, debes mover la preparación por 15 minutos.
Corta el papel en tres pedazos y vas a escribir los motivos por lo cual quieres que esa persona vuelva. Junto a **los tres motivos colocas su nombre**, deberás expresar todo lo que sientes por esa persona.

Enrollar ahora los tres papelitos en forma de pergamino y **amárralos con el hilo de color rojo**, luego deberás arrojarlos a la mezcla.

Cuanto la misma esta tibia, viértela en el vaso de vidrio.

Cuando se hagan **las 12 de la noche deberás sacar la preparación a fuera** y recogerla en la mañana.

Cogerás la preparación por la mañana y con eso lavaras tu cara y tus manos. **Guárdalos pedazos de pétalos que hayan quedado bajo tu almohada durante una noche**, luego guárdalos en la tela.

Posterior a ello tendrás que perfumarla con tu perfume de uso diario. Pasado 4-6 semanas **tendrás de vuelta a tu pareja rogando por estar contigo.**

MAGIA BLANCA EFICAZ PARA VOLVER A DESPERTAR EL AMOR

Este hechizo es simple de hacer y da buenos resultados a corto plazo. Pero **recuerda tener una mente clara en tu objetivo** y una total paz interior.

Materiales que necesitaremos

Una fotografía de la persona

Tres Velas de color rojo

Cerillos

Cinco clavos

Un vaso de vidrio

Una hoja de papel

Bolígrafo de color negro

Un plato blanco

Proceso para realizar el hechizo

Pega la foto en la cabecera de tu cama con **los cinco clavos de manera que la fotografía quede mirando a tu almohada**, esto hará que ella o el no deje de pensar en ti. Ahora tomaremos la fotografía nuevamente y dale vuelta a la imagen y colócala bajo la mesa.

Coloca ahora **la vela de color rojo sobre la imagen durante 30 minutos**, deberás mirarla fijamente durante 15 minutos.

Cuando los 30 minutos hayan transcurrido **retira la vela** y colócala en el plato blanco dejándolo sobre la mesa encendida con la fotografía aun lado.

Este **hechizo deberás repetirlo por 2 días**; es decir que te tocara reponer las velas a medida que se vayan consumiendo.

Cuando ya hayan pasado los 2 días coloca la foto **sobre el vaso son agua.**

En los papeles escribirás tres deseos con esa persona y colocaras tu nombre y el de esa persona; posteriormente a esto meterás también ese papel en el agua y lo dejaras 24 horas.

Pasado unas semanas esa persona especial volverá a ti de rodillas

Es importante que para que este **hechizo de amor funcione** no vayas detrás de la otra persona, deja que sea ella la que venga, no escribas, ni llames ni si quiera le contestes si te escribe, **espera que vuelva suplicando por tu amor.**

(19)

HECHIZO DE AMOR CON VAINILLA

Es un ritual bastante sencillo pero poderoso gracias a la vainilla, la cual la verás usada en diferentes hechizos de amor o recuperación de parejas o amistades perdidas, ya que es un excelente catalizador para ese tipo de **hechizos de amor**.

Materiales que necesitaremos

Esencia de vainilla

Vinagre de vino blanco

Una fotografía

Un vaso de vidrio

Una mesa

Proceso para realizar el hechizo

Este proceso lo tendrás que comenzarlo a realizar a las **12 en punto** de la noche para que su efectividad será más rápida.

Aprovechando la tranquilidad de la noche deberás relajarte y colocar sobre la mesa el vaso de vidrio, el Vinagre de vino blanco y la esencia de vainilla.

Toma la fotografía y escribirás "**Estaremos para siempre, nada nos volverá a separar**" con rotulador permanente por la parte trasera de la misma y la sumergiremos en el vaso de agua.

Posteriormente añadirás cinco gotas de esencia de vainilla; **esta misma representa el amor potencial** que le tienes a esa persona.

Moverás la mezcla hasta disolver la vainilla.

Cuando la vainilla ya este disuelta agregaras dos cucharadas de vinagre; **el mismo simboliza la pena y el abandono**.

Con la mezcla lista la dejaremos en un lugar oscuro por lo que resta de la noche.

El encantamiento es **completamente fuerte y dentro de tres semanas esa persona querrá volver** estar en una relación contigo.

HECHIZO CON ROSAS Y PERFUME PARA QUE VUELVA MI EX

Este hechizo os ayudará a recuperar a un **amor perdido** o a una **ex pareja** perdida recientemente.

Materiales que necesitaremos

2 velas rojas

Rosas frescas

Perfume que usemos a diario

Un bolígrafo negro

Un trozo de papel blanco

Bolsa de tela roja

Hilo rojo

Proceso para realizar el hechizo

Encuentra una habitación tranquila, en ella debisteis haber estado tu y tu pareja compartiendo buenos momentos Enciende las 2 velas rojas, y siéntate enfrente de ellas. Ahora piensa en tu pareja de nuevo en esa habitación, debes recordar los buenos momentos que pasasteis ahí. Pasado unos minutos impregna el aire con un poco de tu perfume, y quita los pétalos a la rosa. Introduce los pétalos en la bolsa roja. Y en el papel blanco escribe 5 motivos por los que tu pareja debería volver a tu lado, e introdúcelos dentro de la bolsa y ciérrala con un hilo rojo.

Ahora arroja un poco de tu perfume sobre la bolsa a la vez que dices en voz alta la siguiente oración: "**El despertar de amor. Eres, serás y siempre has sido mío, de mi propiedad, me perteneces por derecho, nadie puede separarnos, nuestro amor es mutuo, nuestro romance es para toda la vida**"

Dicho toda esa frase deberías respirar profundamente y desear con todas tus fuerzas que esa persona sintiese la necesidad de buscarte. Deja la bolsa roja en esa habitación durante un par de días. Los resultados los podrás ver en pocos días e incluso en el mismo día.

ORACIÓN PARA QUE ME LLAME EN 10 MINUTOS

El amor es el sentimiento más difícil de entender y el que más alegría o tristeza nos puede dar, por eso en el mundo del esoterismo y la magia blanca encontrarás muchos más **hechizos de amor** que de otros tipos. Cuando somos correspondidos nuestra vida cambia totalmente, empezamos a ser más felices y optimistas, hacemos nuevos planes en pareja y empezamos a disfrutar de esta nueva etapa.

El problema es cuando no somos correspondidos o cuando hay problemas en la relación, es importante solucionar las diferencias cuanto antes porque una ruptura es lo peor que puede pasar en una pareja. No importa si buscas **enamorar** o **recuperar a tu pareja** hoy quiero enseñarte un **hechizo infalible para que te llame** la persona amada.

Si te gusta una persona y quieres que no pare de pensar en ti esta **oración de amor** te ayudará a ello, además de ser muy eficaz es sencilla la puedes realizar en tu casa sin ningún problema. También recomiendo hacerla si ya tienes pareja, pero la relación se está enfriando y quieres que todo sea como al principio, como cuando os conocisteis.

Por otro lado, podemos hacer esta **oración para que me llame en 10 minutos** si hemos tenido una discusión de pareja y no os habláis, o la situación entre ambos está mal. Es importante solucionar los problemas, así que si tu pareja se ha enfadado contigo o tenéis punto de vistas diferentes sobre algún tema en particular, haz esta poderosa oración y hablad las cosas.

Mucha gente está mal informada y piensa que una vez conjurado un **hechizo de amor** o una **oración de amor** la otra persona vendrá a nosotros sin hacer nada y esto es falso, tenemos que poner de nuestra parte, las oraciones y hechizos solo nos ayudarán a tener éxito en nuestras acciones.

Por ejemplo, si buscas que una persona se enamore de ti tendrás que hablar con ella, tomar un café conocerse y gracias a las oraciones y hechizos la otra persona poco a poco se enamorará de ti, pero solo haciendo los rituales o oraciones y esperando no se va a conseguir nada.

Además para esta **oración para que te llame** es importante que exista alguna relación o vínculo con la persona puede ser tu pareja o amigo, no servirá de nada si lo haces para una persona que no conoces de nada, es como si hacemos una oración para que me llame una persona famosa de la televisión porque me gusta, no tiene sentido, debe existir una amistad o relación previa.

Recuerda que puedes escribir esta oración en tu libro de hechizos para así tenerla siempre a mano para cuando la necesites, es importante tener un libro donde ir anotando todos nuestros hechizos, cuando los hemos hechos y resultados, así que si no tienes uno hoy puedes empezar a hacerlo con esta **oración para el amor**.

Oración para que me llame en 10 minutos

Esta **oración** es de las más eficaces que puedes encontrar, recuerda que cualquier oración del tipo que sea va ligada a la FE que estamos depositando en ella, así que cuando la recites hazla con voz fuerte y con toda tu fe depositada en ella.

Además puedes acompañar a esta oración con dos velas blancas, tendrás que encenderlas antes de comenzar la plegaria, ellas ayudarán a que tu oración tenga más posibilidades de ser escuchada.

Recuerda que es importante pensar y concentrarte en lo que estás buscando, en esta oración en particular te recomiendo pensar en la persona que quieres que te llame, puedes imaginarla escribiendo en su móvil tu número de teléfono.

La oración para que te llame es la siguiente:

Energía positiva que nos rodeas, yo (*tu nombre*) te hago un llamamiento para aparecer en la mente de (*nombre de la otra persona*), no importa donde esté o con quien haz que en su mente solo aparezca yo.

.

¡Oh energías del cosmos! Elimina de nuestro camino cualquier barrera que nos impida que (*nombre de la otra persona*) venga a mi, retira cualquier energía negativa que haga que no fluya entre nosotros las buenas energías, y que una vez hecho esto el tenga la necesidad de llamarme.

Piensa en mí, no importa donde estés, piensa en mí sin parar y ten la necesidad de llamarme para hablar las cosas, para tener una cita y poder hablar cara a cara. Que las energías que nos ayudan hagan que (*nombre de la otra persona*) tenga la necesidad de llamarme y no pueda resistirse a marcar mi número de teléfono.

¡Oh energías! Que (*nombre de la otra persona*) pierda su orgullo y me llame, porque yo aquí estoy entregada a esta persona, la amo con todo mi corazón y espero su llamada, solo quiero hablar con esa persona, y que sienta lo mismo que yo.

Que así sea. **Amén**.

Mientras recitas la oración puedes colocar entre ambas velas un teléfono, este simbolizara lo que estas pidiendo con tu oración, una llamada de un ser querido.

(22)

ORACIÓN PARA QUE ME LLAME ARREPENTIDO

Esta oración es muy parecida a la anterior pero **solo sirve para parejas que han discutido recientemente**, si no es así esta petición no funcionara. Es bastante eficaz en parejas que llevan tiempo juntas y tienen un vínculo emocional muy fuerte.

La oración para que me llame arrepentido es la siguiente:

Yo (*tu nombre*) pido a las energías del amor que vuelva a unir a esta pareja que está pasando por un mal momento, que esta oración sea mi muestra de fe y devoción a mi pareja.

¡Oh energías del amor! Vosotras que creáis y deshacéis amores, ayudadme a que (*nombre de tu pareja*) se arrepienta y me llame para hablar, yo prometo sentarme y escucharle.

Energías que nos rodeáis haced que aparezca en la mente de mi pareja y no pueda parar de pensar en mí, que tenga la necesidad de llamarme para hablar las cosas y solucionarlas.

Que así sea. **Amen.**

Puedes acompañar a esta oración con 2 velas, una tiene que ser de color rojo y otra blanca, ya que la petición que le hacemos es a las energías del amor y estas velas son las indicadas para este tipo de oraciones.

(23)

ORACIÓN DEL DESESPERO PARA QUE REGRESE

Las oraciones pueden ser muy diversas, sobre todo si entramos en el terreno del amor. La **oración del desespero para que regrese** nos ayudará a que una persona vuelva a nosotros arrepentido y pidiendo perdón. Esta clase de oraciones se llaman también de **oración de pensamiento**, ya que no parará de pensar en nosotros ni un segundo.

Es importante conocer todo sobre este tipo de plegarias antes de hacerlas, debemos saber cuándo, dónde y a quien podemos pedir que regrese. **Normalmente estas oraciones se pueden hacer a cualquier persona**, siempre que sea un amor que se ha ido o una amistad que se ha roto, pero como en todo existen excepciones.

Las **oraciones** o **plegarias** para desesperar a una persona siempre son usadas con buenos fines. Estos rezos harán que la esa persona que ya no está en nuestras vidas, piense en nosotros habitualmente y que sea ella misma la que decida si volver a contactarnos o no, por tanto, dejamos actuar al **libre albedrío**.

En esoterismo existen oraciones y magia para que otra persona se enamore de nosotros, y nunca se vaya de nuestro lado, pero no os recomiendo practicar ese tipo de hechizos. Todo lo que os enseño es **magia blanca**, la cual nunca os afectará negativamente siempre que lo que busquéis sea bueno y no haga un mal a nadie.

En los terrenos del **amor** siempre hay muchos factores en los que fijarnos, así que, si la persona que se fue de nuestro lado fue justificada, no busques que regrese ya que no lo hará. En cambio, si todo ha sido a raíz de un malentendido o quieres solucionar esas diferencias, estas plegarías podrían ayudarte.

Una de estos rezos será a **San Marcos**, un Santo muy poderoso que suele escuchar las peticiones de las personas que quieren recuperar a otras. Te recomiendo que si haces tal plegaria la hagas con mucho respeto hacia él, y si tu petición es escuchada, le hagas ofrendas y agradezcas su ayuda.

Cada oración es única y requiere materiales diferentes. Además, los textos siempre debes tenerlos escritos, ya que como todas las oraciones debes hacerlas en pie y con voz alta, para la oración llegue bien alto y esta puede ser escuchada por las entidades celestiales.

Oración del desespero

A nadie nos gusta que la persona a la que queremos nos deje. Muchas veces tratamos de poner remedio de mil formas, sin saber que una de las soluciones más fáciles que podemos tomar, es la de llevar a cabo una **oración del desespero para que regrese**.

En este libro te vas a encontrar con oraciones diferentes

para poder recuperar a esa persona que se ha ido de tu vida, de varias maneras diferentes. Estas oraciones son todas diferentes y muy eficaces, así que pon toda tu atención para aprender a hacerlas.

Las oraciones son complementarias, por lo que no hay ningún problema en orar todas o elegir la que más te guste o se adecúe a la circunstancia. Piensa en aquella persona que quieres recuperar y repite alguna de las siguientes oraciones para que de forma natural regresen a tu vida.

Comenzaremos hablando de la **oración del desespero a San Marcos**, es una de mis favoritas y la cual he podido comprobar sus resultados personalmente. Además, os enseñare dos plegarías más, para que podáis elegir la que mejor se adapte a lo que estáis buscando.

Oración del pensamiento y desespero a San Marcos

Con esta **oración del pensamiento y desespero a San Marcos**, no estamos solo pidiendo que vuelva esa persona, sino que también vamos a pedir que vuelva pidiendo perdón y arrepentido. En esencia, no se trata de ninguna oración negativa, simplemente buscamos recuperar a esa persona haciendo que está se dé cuenta de que está equivocada.

Con el tiempo, hemos aprendido que ser la parte débil de la relación ha sido malo para nosotros, por lo que ahora somos nosotros los que hemos entendido que debemos de llevar las riendas de la misma, para conseguir que, de aquí en adelante, todo salga mejor.

La oración del desespero es la siguiente:

En busca del poder del león bravo de San Marcos, acudo a ti Santo de mi devoción para que me ayudes a dominar a la persona amada para que pronto vuelva a mí y yo sea dueño del control de nuestra relación.

A través de tu poder sagrado, San Marcos, congelaré cualquier sentimiento que pueda tener mi pareja de cualquier otro hombre o mujer, como si se tratase de un témpano de hielo.

Con tu poder, San Marcos bravo de león, tú que fuiste capaz de dominar a la bestia, ayúdame a dominar a esta persona para conseguir que me ame, que me adore y no tenga en su mente otro pensar que no sea yo y nuestra relación.

Gracias al poder que nuestro Señor te otorgó, San Marcos, interfiere por mí ante el espíritu de la persona que quiero para que deje a un lado todo el orgullo que el que cuenta y se disipe el rencor, que vuelva a mi plácidamente y se convierta en mi servidor de amor.

Poderoso San Marcos, ayúdame a conseguir amansar de la cabeza a los pies a mi amor gracias a tu poder de león.

Oh San Marcos de mi corazón, con confianza espero, a través de esta oración, que me devuelvas a mi amado en una mejor predisposición, que los problemas del pasado,

pasado sean y que, en esta nueva relación, consiga
mandar yo.

Gracias San Marcos, por escuchar esta oración, que a
través de tu fuerza se forje mi camino, que espero recorrer
con ilusión.

Que así sea. **Amén**.

Para que esta **oración del pensamiento y
desespero** tenga más fuerza, deberás de visualizar
mientras la llevas a cabo la imagen de la persona que
quieres que vuelva contigo. Te puedes valer de una
fotografía en la que salga él o ella solo y así lograrás que
el efecto sea mayor.

(24)

ORACIÓN DEL DESESPERO PARA QUE VUELVA

A través de esta **oración del desespero para que vuelva**, no solo recuperaremos a esa persona que nos ha abandonado, sino que, además, conseguiremos que vuelva con sensación de culpa, con sensación de arrepentimiento.

Para reforzar el poder de esta **oración para desesperar**, te recomendamos que la recites encendiendo una vela amarilla en donde hayas escrito el nombre de la persona que quieras que vuelva. Deberás recitarla con voz serena y depositando toda tu fe en que tu petición será escuchada.

La oración del desespero para que vuelva es la siguiente:

Señor, a través de esta oración te pido que la persona que amo vuelva a mi desesperada y no sienta paz hasta que no se encuentre bien conmigo. Ayúdanos a cortar todas las distancias que se encuentran entre nosotros y que de momento nos tienen separados.
Oh Señor, te pido tu ayuda para acabar con este tormento y así terminar mi sufrimiento, atrae hacia mí a mi amor y que se muestre arrepentido/a mis pies, que no pase un día más sin que no pueda estar sin mí y se dé cuenta de todo lo importante que soy para él.

Confío en tu bondad para lograr mi cometido Señor y te ruego que me perdones si algún momento te he fallado, pero ahora te necesito, ya que yo también soy el que se desespera.

Que así sea. **Amén**.

Esta **plegaria del desespero** es perfecta si queremos recuperar rápidamente el amor de una persona por nosotros. Si buscas recuperar a una persona, te recomiendo hacerla durante las primeras semanas, ya que el vínculo entre ambos aún existe y por tanto, los sentimientos aún pueden recuperarse.

(25)

ORACIÓN DEL DESESPERO PARA QUE ME LLAME

A veces, por cuestiones de la distancia, cuesta algo más
que vuelvan arrepentidos a nuestro lado. Sin embargo,
siempre se puede realizar una llamada para pedir perdón
o como muestra de arrepentimiento, un primer paso para
una pronta reconciliación, con la que poder estar juntos de
nuevo

A través de esta **oración del desespero para que me
llame**, conseguiremos que coja el teléfono y que nos llame
al cabo de un rato. De todas las oraciones anteriormente
mostradas, esta con total certeza es la más potente de
todas.

**La oración del desespero para que me llame es la
siguiente:**

Poderoso San Cipriano, a través de esta oración me dirijo
a ti con el teléfono en la mano y para que acabes con mi
ansiedad de inmediato. La única cura para este
sufrimiento que me atormenta, es que la persona que amo
llame a mi teléfono cuanto antes arrepentido, diciendo que
quiere volver conmigo.
Se que no es una tarea fácil, San Cipriano, por lo que solo
puede ser obra de un Santo. Ayúdame a liberarme de
estas ataduras que tanto me aprietan y consigue que la
persona que me gusta no pare de pensar en mí.

Poderoso San Cipriano, concédeme el poder de entrar en la mente del ser amado para conseguir que no tenga tranquilidad alguna hasta que no hable conmigo, que solo yo sea dueño de sus sueños y sus deseos para que esté deseando llamarme.

Poderoso San Cipriano, ayúdame de esta forma para que no llame ni hable con nadie hasta que antes no lo haga conmigo, que se dé cuenta del amor vivido y del que está por vivir. En ti pongo mi corazón, San Cipriano, para que consigas hacerlo latir de nuevo, con tu sagrada intervención

Que así sea. **Amén**.

Esta última oración puedes hacerla acompañándola con una vela de color rojo y una fotografía de la persona que nos gustaría que nos llamase. Además, podemos hacerla no solamente en casos de amor, sino de amistad. **Si quieres recuperar una amistad perdida la oración del desespero** también puede ayudarte.

HECHIZO PARA QUE ME LLAME (TE PENSARÁ, TE NECESITARÁ Y EN 5 MINUTOS TE LLAMARÁ)

No hay que mentir, **todos en algún momento de nuestras vidas, hemos estados pegados al teléfono** móvil (o celular) o al teléfono fijo de casa **anhelando y deseando que esa persona que queremos** y que tanto nos atrae, se decida a llamarnos y que demuestre interés en nosotros. Hoy quiero enseñaros diferentes formas de cómo llamar la atención de una persona para que esta muestre interés por nosotros.

Hay que tener claro que este tipo de hechizos no funcionan de un día para otro, además hay que poner de nuestra parte, esto quiere decir que una vez realizado nuestro hechizo tendremos que seguir hablando con esta persona, quedando para tomar un café, etc. **Un gran error es hacer un hechizo para que nos llame y esperar que este tenga resultados sin hacer nada**. Puedes atraer a una persona a tu vida de diferentes maneras, existen muchos hechizos diferentes para ello, por ejemplo, **oraciones para el amor** o **incluso amuletos para el amor**. Los hechizos que os quiero enseñar hoy **no afectan al libre albedrío**, solamente genera buenas energías para que esa persona especial se fije en nosotros. Recuerda que se considera la magia blanca como una de las más importantes magias y esta es la que os enseñare.

Cómo hacer un Hechizo para que te Llame una Persona

Esta clase de Hechizos son una brujería, o un ritual, de Magia Blanca que tienen muchos años de antigüedad. Hace ya muchos años, antes de la existencia de teléfono fijo o móvil, se ponía cerca de la puerta de las casas una cinta de color rojo con el nombre de la persona que se deseaba atraer escrita. Así, de este modo, **lanzábamos el mensaje al Cosmos** de que queríamos que esa persona se acercase a nosotros.

Hoy en día, con las nuevas tecnologías, ha evolucionado. Así, existen **Hechizos para que me Llame complejos u otros más sencillos**, como el realizado por mi amiga Elisa. **La historia de Elisa es bastante interesante**, y me gustaría compartirla con todos los lectores de mi web, ya que podrá servir como reflexión a más de una persona.

Elisa se sentía atraída por Juan Andrés, y él también mostraba interés por ella, pero no daba el paso de llamarla o proponerle una cita. Entonces **Elisa un día decidió realizar un sencillo Hechizo que le expliqué** que, aunque no era de los más efectivos, sí era de los más sencillos.

Este hechizo solo consistía en escribir en un papel de color blanco el nombre completo de la persona que le atraía, su número telefónico y lo selló con cinta adhesiva al teléfono móvil. Así lo mantuvo durante 2 horas, hasta que recibió la llamada de Juan Andrés. Según me explicó Elisa, Juan Andrés le puso la excusa de una equivocación, que pulso donde no debía… pero fuese como fuese, tuvieron una primera cita y a día de hoy me llena de alegría deciros que siguen juntos.

Y es que, conozco muchos casos en los que la persona a quien diriges el hechizo se comunica contigo por redes sociales, o te llama directamente al teléfono fijo o al del trabajo, manda mensajes de texto, se pone en contacto por WhatsApp o Telegram o incluso se acerca personalmente a ti.

Sea como sea, y debido a que el Hechizo para que Me Llame es un ritual de la familia del Amor, es muy recomendable que antes de realizarlo pongas en marcha y leas detenidamente todos los **Consejos para que tu hechizo de AMOR funcione.**

Sé lo difícil que es estar con la incertidumbre de si llamará o no y que tu alma no esté tranquila.

Algo en tu interior te dice que esa persona piensa en ti y desea llamarte, pero a veces el orgullo no se lo permite, **o existen nudos** que no permiten que se establezca la comunicación deseada con tu persona amada o deseada.

Por eso, **te pido que por un momento confíes en el**

poder de la MAGIA, siente como te envuelve su poder y elige uno de los Hechizos que a continuación te explico.

Características de los Hechizos para que Me Llame

Hay algo cierto, y es que cuando el **Hechizo Para Que Me Llame que elijas lo realices con éxito**, comprobarás que se ponen en marcha mecanismos mágicos poderosos.

A continuación, **te explico qué sucederá, cómo sucederá y que características principales tienen esta clase de Hechizos de para que Me Llame**:

Tienen una **elevada efectividad**. Eso sí, haz un uso responsable de los mismos. **Si necesitas repetirlo deja, al menos, 7 días entre un Hechizo para que me Llame y otro.**

La Fe que pongas en la acción mágica es fundamental. Evita realizar el Hechizo si estás con nerviosismo, no te encuentras bien o percibes que HOY no es tu día (Por cierto, **si necesitas mejorar su Buena Suerte**, debes leer con atención el rápido y poderoso **Hechizo para la buena suerte**).

Lanza el Ritual de para que Me Llame **siguiendo el procedimiento y con los ingredientes que explico**. Son las recetas que mayor efectividad han demostrado tener.

Nunca causarás daño a la persona que vas a lanzar el ritual, porque **se trata de un Ritual de Magia Blanca**.

Son sencillos, debido a que **son peticiones sencillas y muy específicas**: que te llame en un corto periodo de tiempo la persona que deseas.

Realiza su efecto tanto en hombres como en mujeres. No hay problema alguno en esto.

No precisan realizarse con una determinada Luna o en un momento del día en particular. Eso sí, será necesario que te sientas bien a nivel físico y espiritual.

Y, por supuesto, la ventaja y característica más importante de estos Hechizos: **Te llamará**

¿Me llamará AHORA mismo?

Esta es una de las primeras preguntas que nos hacemos **cuando realizamos un Hechizo para que Me Llame**. Sin embargo, **hay que usar el sentido común** y pensar que los cambios pueden darse de muchas otras formas.

Por ejemplo, puede ser habitual que recibas un mensaje, que recibas una solicitud en redes sociales o que recibas finalmente la llamada, pero en un plazo de tiempo más elevado del que tu esperabas.

HECHIZO PARA QUE ME LLAME HOY MISMO

El Hechizo para que Me Llame Hoy Mismo **es ideal para situaciones largas y tediosas**, en las que necesitas una solución en forma de llamada a tu vida.

Además, **realizarlo es muy sencillo y cómo has visto los ingredientes necesarios no son difíciles de obtener**: un rotulador o bolígrafo de tinta azul y una hoja de papel.

Lo primero que debes hacer es tomar un trozo de papel, del tamaño de tu preferencia y acto seguido, y **mientras mantienes un bolígrafo o rotulador, elegir una imagen simbólica que te atraiga de entre las siguientes:**

Un avión de papel.

Un ángel.

Una estrella fugaz.

Un sobre con una carta dentro.

Una mariposa.

Un pájaro.

Una vez tengas claro cuál es el símbolo que más te representa (debes de sentirlo en tu interior), **dibújalo en**

el centro del papel con el bolígrafo azul.

Mientras lo dibujas, **pronuncia en alto la siguiente frase:**

"Que el símbolo sagrado de aire que he dibujado,
Le lleve el mensaje a (Nombre y Apellidos de la persona
que deseas que te llame),
Que solo quiera llamarme,
Que, durante el día de HOY,
Mi número marque."

Puedes repetir una o dos veces la oración y, después, dobla el papel con el dibujo por la mitad, quedando el dibujo en la parte interna de la hoja, **y déjalo cerca de tu teléfono.** Si es un celular o móvil **puedes pegarlo con cinta adhesiva o guardar el papel en el bolsillo donde tengas el teléfono guardado,** por ejemplo.

Si pasado un día no recibes la llamada, será el momento de esperar 7 días y repetirlo. Eso sí, con más ilusión y con la certeza de que **se producirá sí o sí esa llamada.**

(28)

HECHIZO PARA QUE PIENSE EN MÍ Y ME LLAME

Este Ritual para que te llame conseguirá no solo que te llame, sino que también te piense. Es muy eficaz cuando queremos que la otra persona a parte de buscarnos, nos tenga en su mente en cada instante. Es muy sencillo de realizar y además casero ¿A qué esperas para ponerlo en práctica?

Para realizarlo, **en primer lugar, debes escribir en el papel, y con el bolígrafo o rotulador de tinta roja, el siguiente mensaje:**

"Que mi teléfono suene,

Que en su mente me piense,

Que, si descansar quiere,

Mi teléfono suene"

Una vez escrito, **debes doblar la hoja por la mitad, quedando en la parte interna el mensaje que has escrito.** Ahora introduce la carta dentro del sobre y, una vez cerrado, **debes quemarla en un recipiente apropiado.** Por ejemplo, una olla, un caldero, un cubo metálico, etc.

Recuerda encenderlo con cerillas, o fósforos. Y **mientas lo quemas, debes visualizar a la persona como agarra** su teléfono y realiza una llamada directa a ti. Si transcurridos 7 días no has visto efecto, será momento de repetirlo. Y si recibes la llamada, será **IMPORTANTE** que no le cuentes cómo conseguiste su llamada. Hay cosas que es **mejor mantener en secreto.**

HECHIZO PARA QUE ME LLAME AHORA

En este **rápido Hechizo para que me Llame Ahora,** necesitarás además de los ingredientes que son habituales para este tipo de Magia Blanca, **el empleo de una fotografía de la persona a la que deseas atraer telefónicamente.**

Puedes **imprimir una foto de sus redes sociales** o buscar por Internet para conseguirla. Así, **este Hechizo representa una enorme efectividad precisamente por emplear**, en su metodología, un elemento visual de la personal.

Para comenzar, **escribe en el papel tu nombre y apellidos y rodéalo por un círculo.** Después, **en otro lugar de la hoja,** escribe **el nombre de la persona** que deseas que te llame y rodéalo también con un círculo.

Ahora, **mediante el uso de un pegamento o una grapa (o incluso cinta adhesiva), pega sobre el nombre de la persona que deseas atraer su fotografía.** Lo que tienes que hacer ahora es, **con el rotulador, unir ambos círculos, y visualizar cómo al unir con una línea los dos círculos se produce la comunicación.**

Sería como una señal telefónica. Para terminar, sumerge el papel doblado en un plato al que añadirás canela y azúcar hasta que se produzca la llamada. **Si tardase más de 7 días, repite todo el ritual** y, además, refuerza esta Magia Blanca con el específico **Hechizo para que piense en mí.**

30

HECHIZO PARA QUE ME LLAME O ESCRIBA EN 5 MINUTOS

Para comenzar este Hechizo para que te Llame o Escriba en 5 minutos, d**ebo decirte que es un ritual más complejo por los ingredientes necesarios, pero proporciona muy buenos resultados.** Aunque se llama este ritual *"que me llame en 5 minutos"*, lo cierto es que mis amigas y amigos que lo han utilizado **reportan tiempos de espera mayores.**

Sí que **he conocido dos casos en los que únicamente transcurrieron 5 minutos o menos.** Sin embargo, hay que usar el sentido común y, al menos, dejar pasar unas horas para valorar los resultados.

En primer lugar, **pon una foto sobre la otra (mirándose las caras) y recórtalas del mismo tamaño (podrías hacer una forma de corazón).** Ahora **cose con el hilo rojo ambas fotografías, quedando finalmente las dos fotos unidas** completamente.

Llena un frasco pequeñito (puede ser de vidrio, madera, cerámica…) con el azúcar moreno exactamente a la mitad, **coloca las fotos encima y recita lo siguiente por 3 veces**:

"Que este hechizo le haga llamarme en 5 minutos"

Finaliza diciendo AMEN en alto y termina de rellenar y completar el frasco con la azúcar, **tápalo y resguárdalo. Deja el frasquito guardado en un cajón de tu habitación** y, cuando vayas a dormir, deja el teléfono al lado del recipiente o lo más cerca posible.

Si no te llamase al séptimo día, tira a la basura el azúcar y repite el ritual con azúcar nueva por otros 7 días más, con las mismas fotografías y el mismo frasquito.

HECHIZO PARA QUE TE LLAME DE INMEDIATO

Para comenzar este Hechizo para que te Llame de Inmediato, **elige un día en el que te sientas especialmente bien y mantén tu mente centrada en el objetivo que te has propuesto**: que te llame la persona que quieres, tu amigo, tu compañero, tu novia o tu novio... de **Inmediato**.

Primero toma la manzana y la vas a pelar por completo con el cuchillo. **Una vez limpia de cáscara, colócala el plato de vidrio** (o de cerámica blanca), y toma el papel y el lápiz y anota el nombre de la persona que deseas te llamé a tu móvil en solo 10 minutos y ponlo debajo de la manzana que has limpiado.

Ahora debes dejarlo hasta que la manzana comience a oscurecer y oxidarse. La manzana actúa a modo de catalizador de **energías negativas** y trabas que puedan estar haciendo que la persona deseada no te llame.

Si cuando la manzana comience a ponerse fea no has recibido la llamada, **el cosmos te indica que NO es el momento de recibir esa llamada. Así, podrás esperar 7 días y repetirlo**, para llenarlo de más energía.

HECHIZO PARA QUE LLORE Y SUFRA POR MÍ

Es el ritual más poderoso para que regrese a por ti y lo más importante es que funciona mediante la **magia blanca**. Recuerda que después de hacerlo debes **romper toda comunicación** con tu expareja, no puedes hablarle o mandarle mensajes por ningún miedo, espera que te busque él.

Materiales necesarios para hacer el hechizo

Una vela roja.
Una vela blanca.
Un lápiz de color rojo.
Un trozo de papel.
Aceite de jazmín.
Algunas cerillas.
Un tarro de metal.

Debes tener todos los objetos necesarios, ya que cada uno tendrá un rol importante en el conjuro, cada uno de ellos es una pieza fundamental. Quizás por separado no tengan sentido, pero en conjunto y bien tratados formarán nuestro hechizo poderoso.

El aceite de jazmín lo puedes conseguir en cualquier

tienda naturista, y es importante que este aceite sea totalmente natural y no este tratado.

Procedimiento para realizar el hechizo

1º Paso: Rocía un poco del aceite de jazmín en cada vela.

2º Paso: Si es posible, pon las **dos velas a cada lado del tarro**. Una hacia el norte y la otra hacia el sur.

3º Paso: Toma el trozo de papel y el lápiz, **ahora anota el nombre de tu expareja** y si recuerdas su fecha de nacimiento, también. Escribe su número de móvil, y recita dos veces la siguiente oración:

"Me llamarás, porque tengo muy claro que vas a regresar a mi lado arrepentido. Te vas a arrodillar y llorarás sin parar por mí".

4º Paso: Vierte unas gotas de aceite sobre la hoja. No deberán ser muchas, entre 10 y 20 es lo recomendado.

5º Paso: Enciende las velas y mete la hoja en el interior del tarro.

6º Paso: Mientras las velas se van consumando, **piensa un poco en tu pareja**. Imagina cómo sería todo si volviesen a estar juntos. Es importante que visualices el momento en que regresa implorando perdón.

7º Paso: Permite que las velas se consuman por completo y rompe el papel. Entierra el tarro junto a los restos de las

velas y lo que quedó del papel en un lugar cercano a
vuestro hogar.

En algunos días tendrás novedades sobre tu pareja.
Llegará a tu casa pidiendo perdón y muy arrepentido por lo
que hizo. Para que este hechizo sea aún más
efectivo, **consigue aceite de almendras y mézclalo con
el de jazmín**.

(33)

RITUAL PARA QUE ME BUSQUE RÁPIDAMENTE

Es un conjuro muy conocido, pero la mayoría de personas no lo hacen de la manera correcta, por eso **hoy te enseñaré la mejor forma de hacerlo** para que sea totalmente eficaz.

Bajo mi punto de vista, es uno de los mejores rituales para **recuperar a una pareja,** pero requiere mucha concentración, espero que te sirva y funcione.

Materiales que necesitarás

Una fotografía de tu expareja.

Una vela negra.

Una vela roja.

Un trozo de papel.

Un lápiz.

Procedimiento paso a paso para realizar el ritual

1º Paso: Enciende la vela negra y deja que se consuma por completo.

2º Paso: Cuando hayan transcurrido **15 minutos** desde que encendiste la vela negra, prende la de color rojo. Pon la vela negra a la izquierda y la roja a la derecha.

3º Paso: Si no tienes una foto de tu expareja, **anota su nombre y rasgos físicos más importantes en el trozo de papel.**

4º Paso: Coloca la foto o el papel en medio de las dos
velas.

**5º Paso: Cuando las dos velas se hayan consumado
casi por completo**, será el momento de que recites la
siguiente oración:

*"Hoy me empezarás a amar de nuevo, lo sentirás aún más
que antes. No podrás despegarte de mí, porque soy tu
única opción. Deseo que llores por mí, y que regreses
pidiendo perdón de rodillas".*

6º Paso: Permite que las velas se consuman por sí solas.

**En pocos días regresará tu expareja rogando que lo
perdones.** Lo más probable es que lo veas diferente, el
conjuro lo cambiará, será más atento y amoroso. Para que
no vuelva a suceder, tendréis que cuidar vuestro amor y
atender las necesidades del otro.

CONJURO PARA QUE LLORE Y ME EXTRAÑE

Es un ritual complejo y requiere de mucha concentración, es **recomendable** hacerlo cuando nadie pueda molestarte o quitar tu concentración de lo que estás haciendo.

Este es el último hechizo que os enseñare hoy para **recuperar a un ex** este para mi es muy eficaz, pero también requiere mucha energía positiva, es por ello que antes de hacerlo deberías realizarte una **limpia** y pensar en cosas buenas.

Objetos que necesitarás para hace el conjuro

Un trozo de papel.

Una cebolla.

Un lápiz.

Un cuchillo.

Cuatro agujas.

Un pañuelo pequeño.

Procedimiento para hacer correctamente el conjuro

1º Paso: Toma la cebolla y córtala en cuatro partes, que cada una quede de un tamaño similar a la otra.

2º Paso: Luego busca una mesa y si tiene cuatro puntas, **en cada extremo pones una parte de la cebolla.**

3º Paso: En el papel escribe el nombre de la persona que quieres ver pensando y llorando por ti. Si conoces la fecha de su nacimiento, también anótela, será de gran ayuda.

4º Paso: Cuando termines de escribir, **corta el papel en cuatro trozos**. Cada uno irá sobre las cebollas.

5º Paso: Clava cada aguja en su respectiva cebolla. Intenta que la aguja quede en la mitad.

6º Paso: Extiende el pañuelo en la mesa. Después reúne las 4 partes de la cebolla y trata de que estén lo más cerca posible.

7º Paso: Ahora **repite en voz** alta la siguiente oración:

"La magia blanca te traerá hacia mí, sin ningún tipo de daño para los dos. Pero eso sí, lo harás sufriendo, y me vas a rogar, porque no te perdonaré tan fácil. Cuando termine de exclamar estas palabras, tendrás la necesidad de mirarme y vendrás al lugar en el que estoy".

8º Paso: Envuelve todo en el pañuelo, y arrójalo lejos de tu casa. Si puedes, camina al menos un kilómetro y lo tiras. **Debe quedar lejos de tu casa para que no haya ningún efecto adverso sobre ti.**

El último ritual es uno de los que más funciona. Aunque debes hacer cada paso exactamente como lo indiqué. Si quieres que el hechizo haga efecto más rápido, **parte en 8 porciones la cebolla y consigue 8 agujas.**

Como hacer correctamente este hechizo

Para realizar correctamente un hechizo de recuperación de un ser amado, es necesario que el amor que se tenían fuese verdadero y la ruptura la **provocase la otra persona**, ya que, si la ruptura la comenzaste tú, el hechizo de poco servirá.

Este hechizo no sirve para parejas que llevasen poco tiempo saliendo, se necesita un **amor verdadero y puro** para que sea eficaz.

HECHIZO PARA QUE HAGA LO QUE YO QUIERA (CASERO Y ÚTIL)

¿Qué materiales necesitaremos para realizar este hechizo?

Tendremos que esperar a una noche en la que haya media luna, es decir, cuando la luna es mitad oscura y mitad luz a dos mitades iguales. Este día es en el cual tendrás que buscar todos los ingredientes y realizar tu hechizo.

Ocho velas, no importa el color, pero siempre se prefiere que sean blancas o rojas para tener mejores resultados y que sean más rápidos.

Un encendedor, fósforos, etc. (algo que tengamos disponible y con lo que podamos encender nuestras velas después).

Una imagen de la persona hacia la que queremos dirigir nuestro hechizo (en la foto debe aparecer solo esa persona) o un objeto que pertenezca a esa persona (no hace falta que sea muy personal del nivel de un cepillo de dientes, vale con una camisa o un zapato).

Los pasos a seguir para conseguir que nuestro hechizo funcione:

En primer lugar, debemos colocar nuestras ocho velas formando un círculo, pero sin encenderlas. La manera de conseguir el círculo perfecto es colocando nuestras velas en cada dirección cardinal, es decir, una en el Norte, en el

Noroeste, en el Este, en el Sureste, en el Sur, etc.

El círculo que obtengamos tiene que tener mínimo de 30,5 centímetros de diámetro, por lo que podemos utilizar una regla si queremos para que nos quede más perfecto.

Una vez tengamos nuestro círculo, es el momento de colocar la fotografía de la persona a la que vamos a dirigir nuestro hechizo o el objeto personal que hayamos conseguido, en el centro del mismo.

Ahora llega el momento de encender nuestras velas, pero antes de encenderlas tenemos que pronunciar en voz alta y clara las siguientes palabras:

"Guías espirituales, conecten mi cordón etéreo con [decir el nombre de la persona a la que va dirigido el hechizo], vamos a converger como la luz y la oscuridad de la Luna… podemos ser uno y el mismo en el pensamiento y el espíritu."

Una vez finalicemos de decir estas palabras, es el momento de encender nuestras velas con un encendedor, los fósforos, lo que hayamos escogido para encender nuestras velas.

Esto puede ser de sentido común y puede que no haga falta recomendarlo, pero este tipo de hechizos es necesario realizarlo en un suelo de hormigón o de granito, evitando correr riesgos para nuestra seguridad o para el resto de nuestra casa, si lo estamos haciendo en el interior. Y si, optamos por hacerlo en el exterior, no hacerlo cerca de zonas donde podamos provocar incendios y ser respetuosos y respetuosas con el medio ambiente.

Una vez que la luz de **nuestras velas** ha llenado el lugar en el que estemos realizando nuestro hechizo, nos colocaremos de pie frente al círculo de velas mirando hacia abajo en la foto de nuestra persona elegida o su objeto personal.

Nuestra concentración debe ser bastante intensa y no pensar en otra cosa que no sea esa persona. Debemos susurrar su nombre treinta veces seguidas mientras seguimos concentrados o concentradas en su fotografía o en el objeto personal.

Para finalizar nuestro ritual o hechizo y cerrar el vínculo que acabamos de crear con nuestra persona elegida utilizando el mundo de los espíritus que acabamos de abrir, debemos decir estas palabras:

"Que mi mente y mi alma se vuelvan una con la mente de [decir el nombre de la persona hacia la que hemos dirigido nuestro hechizo]. Cuando hable de manzanas, saborearán su dulzura. Cuando sienta melancolía o amor, su corazón responderá en especies. Os lo agradezco, Guías

espirituales, por ayudarme; por hacer el cordón entre mí y
[decir el nombre de la persona hacia la que hemos
dirigido nuestro hechizo] fuerte como las cadenas de un
prisionero."

Posteriormente, soplaremos las velas y las dejaremos en
el lugar donde hemos hecho todo el hechizo, junto con la
fotografía de nuestra persona elegida o el objeto personal
que hayamos elegido.

Debemos irnos a la cama y quedarnos dormidos o
dormidas con la imagen de la cara de nuestra persona
elegida en nuestra mente lo más exacta posible, para
conseguir que, no más tarde de la salida del Sol,
consigamos que la mente de "nuestra persona" esté bajo
nuestro control.

Una vez veamos que nuestro hechizo está en marcha y
"nuestra persona" está bajo nuestro control, algunas
personas comienzan a sentir sensaciones de pesar y
vergüenza y la experiencia se vuelve demasiado intensa
por lo que, si este es tu caso, puedes hacer lo siguiente:
quemar la fotografía de la persona elegida o el objeto
personal de nuestra persona en un pozo o un barranco y
decir las siguientes palabras:

"Ya no somos dos como uno, yo soy yo y tú eres tú
mismo. Tu mente es ahora otra vez tuya."
Esto romperá el vínculo metafísico que se ha creado entre

usted y su persona elegida y poner fin al hechizo que le permitiría tener acceso y alcance a las acciones y pensamientos de esa persona.

Si decide utilizar este hechizo para controlar a alguien y conseguir que alguien haga lo que usted desee, recuerde lo que significa crear un vínculo tan importante y con tal responsabilidad con alguien de quien pretendemos obtener unas cosas determinadas.

(36)
HECHIZO DEL LIMÓN DEBAJO DE LA CAMA

El **limón debajo de la cama** nos ayudará a limpiar nuestra aura de malas energías o trabajos de magia que estén impidiéndonos avanzar.

A continuación, **voy a explicarte con detalle cómo hacer este hechizo antiguo** para ayudarte a recuperar la armonía esotérica en tu vida y hogar. Es importante eliminar las malas energías de tu casa, ya que estas pueden estancarse y afectar negativamente a tu equilibrio armónico y prosperidad.

Materiales necesarios para hacer el Hechizo del Limón debajo de la Cama

4 limones frescos

Sal marina

Incienso de eucalipto

2 velas azules

Procedimiento para el Hechizo del Limón debajo de la Cama

Ahora te explicare paso por paso como realizar el hechizo, presta mucha atención:

Primero tendrás que cortar en cruz los cuatro limones, el corte debe llegar hasta más o menos la mitad del limón, no lo cortes completamente.

Ahora pon un poco de sal marina en la cruz de cada limón, después coloca los 4 limones en un plato.

Pon ahora el plato sobre una mesa en tu dormitorio, a cada lado del plato coloca una vela.

Enciende ambas velas y el incienso, **haz un rezo a tu ángel de la guarda y pídele ayuda**, él te escuchará.

Cuando acabes la oración coloca el plato con los limones debajo de tu cama, déjalo ahí durante 2 semanas y verás el cambio que hay en tu vida.

Pasadas las 2 semanas, puedes repetir el hechizo sin ningún problema, tendrás que tirar los limones muy lejos de tu casa, y es importante que no los toques con tus manos, usa guantes o algún utensilio, ya que estarán cargados con malas energías que han ido atrapando.

Este hechizo es muy antiguo pero es uno de mis favoritos a la hora de abrir caminos y eliminar malas energías, es bastante poderoso así que si estás buscando eliminar malas energías y dejar paso a la buena suerte, este hechizo te servirá.

Además los limones tienen una ventaja y es que solucionan cualquier obstáculo que nos esté impidiendo ser felices, así que una vez hecho el **ritual del limón** te sentirás con más energías y feliz.

Por último, si quieres **aumentar la eficacia del hechizo con limón** conjura el hechizo cuando el ciclo lunar sea luna llena, así la eficacia del hechizo será más rápida.

HECHIZO DEL ANILLO BAJO LA ALMOHADA

Gracias a los **hechizos de magia blanca**, podemos conseguir nuestras metas de forma mucho más segura. **Estos hechizos son perfectos para lograr todos nuestros propósitos**, desde obtener algo más de dinero hasta llamar al amor.

En este caso, nos vamos a centrar en el hechizo del anillo bajo la almohada, un hechizo perfecto para que el amor llame a nuestra puerta.

En primer lugar, tenemos que tener claro a qué persona vamos a tratar de atraer con este hechizo. **No te preocupes, el hechizo es inocuo y no tendrá ninguna consecuencia negativa ni para ti por emplearlo, ni para la persona que sea objetivo del mismo.**

Los hechizos de magia blanca son completamente inofensivos, pero eso si, para que surjan efecto, no tendrás que desear el mal con ellos.

Esto quiere decir, que si a través de un hechizo, estamos tratando de enamorar a una persona, pero ese enamoramiento causa un perjuicio para ella, el hechizo no tendrá éxito. **Si tus intenciones son puras, el hechizo será efectivo.**

Para la realización de este hechizo tan solo vamos a necesitar un anillo. **Este anillo lo vamos a cargar de poder mágico y lo vamos a convertir en nuestro amuleto**, un amuleto perfecto para que la persona que queramos venga hacia nosotros. Si se trata de una ex pareja, trataremos de que esta vuelva a nosotros.

Por el contrario, si se lo hacemos a nuestra pareja actual, lograremos dar un paso más en nuestra relación, **como por ejemplo conseguir que nos pida matrimonio o que acepte nuestra propuesta**.

Por otro lado, si no tienes pareja, este hechizo es estupendo también para conseguirla, ya sea porque la persona que te gusta va a empezar a demostrar interés en ti o bien porque una persona que desconoces vendrá a tu vida y encenderá la llama de tu amor.

Cómo hacer el hechizo del anillo bajo la almohada

El anillo será el componente principal de nuestro hechizo. A pesar de que nos puede valer cualquier anillo, si tenemos alguno que guarde relación con esa persona, el hechizo será mucho más efectivo.

Esto quiere decir, que, si el anillo tiene grabado su nombre o nos lo regaló esa persona, este hechizo será más poderoso.

Si no tienes anillo, no te preocupes, ya que puedes seguir realizando el hechizo. Para ello, compra un anillo cualquiera y llévalo puesto durante tres días. De esta forma, **el anillo se impregnará de tu esencia y por lo tanto se podrá realizar el hechizo**.

Además del anillo, necesitamos siete cordeles de color rojo y un vaso de cristal con un poco de agua.

Como hacer el hechizo del anillo bajo la almohada

La ventaja de estos hechizos es que son accesibles para todo el mundo. No necesitas saber nada de esoterismo ni haber realizado ningún conjuro previamente para que el **hechizo pueda tener éxito**, simplemente, limítate a seguir los pasos que te vamos a relatar a continuación.

Asegúrate de estar en una estancia tranquila antes de empezar y de que nadie te moleste durante la realización de este hechizo. Si te encuentras solo en casa, mejor que mejor. Para empezar, coge el vaso con agua y sitúalo en el medio de la mesa.

A continuación, **lleva el anillo a tus manos y coloca estas encima del vaso de agua**. Ahora, frota tus manos haciendo fricción con el anillo para que este se caliente. Cuando notes que el anillo ya se encuentra a una temperatura algo superior a la de las palmas de tus manos, el anillo estará listo.

Cuando sientas que el anillo está listo, déjalo caer al agua para que se sumerja. Con el anillo dentro del agua, utilizarás el dedo índice de tu mano buena, la mano con la que escribes y lo meterás dentro del agua, donde irás haciendo círculos concéntricos con el mismo alrededor del anillo, pero siempre en dirección de las agujas del reloj.

Mientras llevas a cabo estos movimientos, deberás de recitar esta pequeña oración

Señora del amor y la pasión, yo imploro tu poder para que atraigas a mi lado al amor, ilumíname con tu esperanza y devuélveme la pasión, para que con este ritual que yo hago, encuentre la solución

Cuando hayas realizado la oración, será el momento de retirar el anillo, procurando no derramar agua fuera del vaso. Con el anillo en la mano, será el momento de coger nuestras cuerdas de color rojo y las giraremos entre sí, hasta lograr que se unan un poco, pero sin que se anuden.

Pasaremos nuestras cuerdas por el medio del anillo y lo dejaremos en la mitad. Con el anillo suspendido entre las cuerdas, realizaremos un total de tres nudos. Con el amuleto ya casi preparado, dirás el nombre de la persona que quieras atraer y de nuevo recitarás la oración.

En el caso de que simplemente estés llamando al amor y no muestres interés por ninguna persona en particular, simplemente mientras dices la oración, trata de vislumbrar en tu mente lo que estás buscando en el amor para que, de esta forma, una persona desconocida llegue a tu corazón.

Ahora ya, con el amuleto creado, lo único que tenemos que hacer es colocarlo debajo de la almohada durante tres días. Este es el periodo de tiempo en el que el amuleto empezará a trabajar.

Finalizados estos tres días, **lo podemos llevar con nosotros a cualquier lado**. Siempre que lo tengamos encima, estaremos atrayendo el amor hacia nosotros.

El amuleto irá perdiendo fuerza con el paso del tiempo. Si ves que pasa un tiempo más o menos largo, como por ejemplo un mes y el hechizo parece que no da resultado, no te preocupes, ya que lo puedes hacer completamente de nuevo.

En este caso, todos los materiales que utilicemos deberán de ser nuevos. **Si se trata de un anillo muy caro o que lo tienes bastante cariño, simplemente límpialo bien** y tenlo toda una noche a remojo en agua para que pierda la esencia anterior y pueda ser objeto de un nuevo amuleto. **De esta forma, ya estarás listo para volver a empezar tu hechizo desde cero.**

(38)

HECHIZO CON CAFÉ PARA QUE ME LLAME

Si estás preocupado porque una persona se va a marchar o va a salir de tu vida, con este sencillo ritual con café, podrás seguir ligado a ella, evitando por lo tanto su marcha. Antes de explicar este ritual, hay que decir que para que funcione, las intenciones de la persona deben de ser buenas.

Esto quiere decir que no podemos realizar el ritual con el propósito de evitar que la persona se vaya y que esto, realmente sea un impedimento para ella. Es decir, no podemos actuar por puro egoísmo, ya que, en ese caso, el ritual no funcionará. Sin embargo, si tus intenciones son buenas, surgirá efecto, veamos cómo.

Deberás de escribir el nombre de la persona que no quieres que se vaya en un trozo de papel blanco de forma vertical y escribiendo también su apellido de forma horizontal, como si estuvieses dibujando con ello una cruz.

Una vez que lo tengas, deberás de colocar ese papel en el fondo de un vaso de cristal, con los nombres boca abajo, de forma que no puedas leer por encima del vaso lo que pone. **Ya con el papel en el fondo del vaso, verterás en el mismo una mezcla de café con un poco de agua.** El objetivo es que el agua cubra un poquito más de la mitad del vaso.

Al lado de esta mezcla, deberás de encender una vela blanca, mientras esperas pacientemente a que esta se consuma. **Este momento es el más importante del ritual, ya que mientras la vela se consume**, deberás de estar visualizando en tu mente lo que realmente esperas y quieres que ocurra, como por ejemplo ver como esa persona se queda a tu lado o que renuncia a su viaje para quedarse contigo.

Una vez consumida la vela, si realmente tus intenciones son positivas, **recibirás una llamada o mensaje** en los próximos días de esa persona para comunicarte que quiere verte y quedarse contigo.

HECHIZO CON CAFÉ PARA RECONQUISTAR

El café es ideal para compartirlo con tu pareja durante una fría tarde y, además, también es una herramienta perfecta para poder recuperar a la misma, **para que vuelta contigo**, si es que por cualquier motivo la has perdido.

En este caso, cabe recordar lo mismo que en el ritual anterior, si tus intenciones son malas, es decir, no puedes obligar a nadie a estar contigo si realmente no quiere, este ritual no funcionará. Por el contrario, si ha sido una pequeña diferencia de opiniones y esa persona todavía siente algo de amor por ti, no dudes que caerá de nuevo rendida a tus brazos.

El ritual consiste en colocar tres granos de café en la palma de tu mano. Deberás de colocarlos de forma que representen un triángulo y que este a su vez, uno de sus vértices coincida en un mismo ángulo con tu dedo corazón. La posición del dedo corazón es clave, ya que, en base a este, deberás de recitar estas palabras *"llegarás a mi nuevamente y te mantendré cerca de mi corazón"*.

Estas palabras las deberás de repetir un total de siete veces, mientras permaneces con los ojos cerrados, imaginando la escena de como tu ex vuelve a ti. Deséalo con todas tus fuerzas y cuando acabes de recitar las palabras, podrás abrir los ojos y darlo por hecho, el ritual habrá funcionado.

Por último, para que todo salga bien, **coloca los granos de café dentro de una bolsa de algodón**, que sea de color rojo y llévala contigo hasta que tu deseo se cumpla. A ser posible, mantén la bolsa siempre cerca de ti, no la pierdas nunca e intentar pasar el mayor tiempo posible con ella, así el ritual podrá completarse antes.

Espero que estos hechizos para volver a equilibrar tu estado emocional y sentimental te resulten de utilidad. **El amor es uno de los campos más difíciles dentro del esoterismo**, así que, si estos hechizos no te funcionan, quizás es momento de abrir tus horizontes y explorar posibilidades.

(40)

HECHIZO DE AMOR CON ROMERO Y UNA MONEDA

Si estas pasando una mala época porque te gusta una persona, pero ese amor no es correspondido, con este **hechizo podrás atraer a las energías para que te ayuden a que esa persona piense en ti.** Es un hechizo muy eficaz y casero, así que puedes hacerlo sin ningún problema y así intentar que esa persona se fije en ti.

Como todo hechizo se necesitan unos ciertos materiales, son bastante sencillos de conseguir y en este hechizo no pueden ser sustituidos por nada, los ingredientes y materiales que necesitaremos son:

Una moneda
Romero fresco
Una fotografía tuya
Un sobre rojo

Este hechizo no requiere ser conjurado un día especial, tampoco se necesita luz lunar así que no importa el ciclo lunar. Los pasos para hacer el hechizo de amor son los siguientes:

1º Paso: Primero escribiremos nuestro nombre por la parte posterior de la fotografía y 3 cualidades que destaques tuyas, por ejemplo "*se me da muy bien escribir cartas de amor*"

2º Paso: Ahora meteremos la fotografía en el sobre rojo. Dentro del sobre pondremos también un poco de romero fresco y la moneda.

3º Paso: Cierra el sobre y sujétalo con ambas manos, cierra los ojos y di 4 veces el nombre de la persona que te gusta, tienes que pensar en su rostro en todo momento.

4º Paso: Abre el sobre y frota nuevamente un poco de romero sobre la moneda. Ahora coloca la moneda en tu mano derecha, ciérrala y piensa durante varios minutos en la persona que te gusta.

5º Paso: Entrega esa moneda a la persona que te gusta, esa persona mientras lleve encima la moneda no parará de pensar en ti.

Es un hechizo sencillo, casero y eficaz de amor, el problema es que la otra persona se deshaga de la moneda o la deje en su casa. Por tanto, hay que asegurarse que la moneda siempre acompañe a la persona que nos gusta.

HECHIZO DE LA PLUMA NEGRA PARA RECUPERAR A TU EX

¿Tu relación se ha roto? ¿Tu pareja te ha pedido un tiempo? Hay miles de motivos por los que una pareja puede llegar a separarse, desde que el amor se acabó, hasta que haya otras personas. Con el **hechizo de la pluma negra podrás recuperar a tu pareja en cuestión de días**, este hechizo casero es muy poderoso así que presta atención y sigue mis pasos.

Para este hechizo necesitaremos los siguientes materiales, el material principal es una **pluma negra**, es importante el color de la pluma de lo contrario el hechizo no funcionará. Los materiales que necesitamos son:

Una semilla de rosas

Vela de color rosa

Vela de color roja

Una pluma negra

Una maceta

Una foto pequeña de tu expareja

Ahora te explicare paso a paso como se realiza correctamente este hechizo:

1º Paso: Primero escribiremos por detrás de la fotografía de nuestra expareja su nombre y la fecha en la que empezasteis a salir.

2º Paso: Ahora coloca en el fondo de la maceta la fotografía, y encima de ella la pluma. Ahora llena la maceta con tierra y coloca la **semilla de rosa**.

3º Paso: Posteriormente pon la maceta en un lugar tranquilo, donde pueda brotar con tranquilidad. Enciende la vela de color rosa y color rojo, pon cada vela a cada uno de los lados de la maceta y riega la maceta por primera vez, finalmente deja que las velas se consuman.

4º Paso: Cuida la planta y riégala con regularidad, cuando florezca la primera rosa, significará que tu expareja te buscará muy pronto.

Este hechizo debes hacerlo durante los primeros 7 días de la ruptura, puedes también después de esos siete días pero no tendrá la misma eficacia.

42

RITUAL DE AMOR DURANTE LA NOCHE DE LUNA LLENA

Este es el tercer hechizo de magia blanca para el amor que te enseñare hoy, en este ritual el elemento principal es la **luna llena** la cual es necesaria para hacer el conjuro. Este hechizo lo recomiendo si quieres que tu pareja sea más cariñosa y este más pendiente de ti.

Con este hechizo podremos conseguir reavivar la llama del amor entre dos personas, y para hacer el conjuro necesitaremos los siguientes ingredientes:

Un cuenco
Una fotografía de ambos juntos
Pétalos de rosa
Colonia

El procedimiento para realizar el conjuro de amor es el siguiente:

1º Paso: Empezaremos escribiendo por detrás de la fotografía el nombre de cada uno, también pondremos la fecha cuando comenzasteis a salir.

2º Paso: Ahora colocaremos boca arriba la foto dentro del cuenco, y llenaremos el mismo con pétalos de rosa.

3º Paso: Pondremos unas gotas de nuestro mejor perfume dentro del cuenco, por encima de los pétalos de rosas. Si este perfume es el mismo que usaste cuando conociste a tu pareja mejor.

4º Paso: Ahora pon el cuenco en una habitación de la casa que frecuentéis mucho los dos, por ejemplo, el salón, cocina o dormitorio.

Este hechizo atraerá las energías indicadas para que la relación vuelva a su cauce, y para que ambos volváis a sentir el amor uno por el otro.

INCREÍBLE HECHIZO DE AMOR CON ALMOHADA (TE PENSARÁ Y TE SOÑARÁ HOY)

A continuación, tienes el **listado con los sencillos y naturales ingredientes** que necesitas para realizar con éxito este poderoso Hechizo de Amor.

Lista de Ingredientes:

Una **hoja y un bolígrafo o rotulador de color negro** (es decir, un **papelito** de tamaño pequeño, no tiene que ser grande).

Un **vaso vacío.**

Un **plato**.

Azúcar, ya sea morena o blanca.

Sal.

Unas gotas de **Leche**, puede ser de vaca, oveja… Aunque será perfecta si es fresca, también te servirá embotellada del supermercado. No importa si es desnatada o normal.

Ingrediente opcional: Una fotografía de la persona amada, deseada, anhelada o querida.

Hechizo de Amor con Almohada: Guía sencilla con el paso a paso

1. Asegúrate que tienes todos los ingredientes necesarios y **busca un día en el que te encuentres especialmente**

tranquilo, en paz contigo mismo y sientas que tienes el poder y la voluntad de mejorar y atraer a la mente de tu ser querido o persona deseada tu imagen.

A continuación, tienes una tabla con las **características que debe tener el día que elijas para realizar este hechizo con una Almohada.**

Día más adecuado para realizar este ritual: Puedes realizar el ritual de la almohada y cama en **cualquier día de la semana.**

Momento del día: el hechizo será **más potente si lo hacemos durante la noche.** Y es que, en los propios tratados esotéricos se afirma que **la persona soñará contigo la misma noche en la que lleves a cabo este hechizo de almohada.**

Fase lunar: la idea es que las energías de la luna nos ayuden a llegar hacia la persona a la que queremos aparecer en sueños, y, durante la **luna llena**, es mucho más fácil conseguirlo. Además, si tenemos en cuenta que la persona debe recibir tu imagen en sueños, también te será útil realizarlo en la **fase creciente**. Sin embargo, **si tienes urgencia, puedes realizarlo en otra fase lunar,** ya que siempre hay resultados.

Lugar más idóneo dónde realizar este hechizo: será importante que realices el ritual de amor para que sueñe contigo **en tu propia habitación, cerca de la cama.** Si no puedes realizarlo ahí, también puedes hacerlo en una habitación o estancia tranquila, donde no vayas a sufrir interrupciones.

Si necesitas repetir el hechizo para aumentar su efectividad: recuerda dejar, al menos, entre un hechizo de almohada y el siguiente, **al menos, 15 días.** Del mismo modo, si necesitas hacer otro hechizo, te recomiendo que **dejes pasar también 15 días.**

2. Una vez estés seguro que has **elegido el día correcto y cumples el resto de requisitos,** es el momento de **comenzar.** Así, puedes realizar este hechizo de la almohada para que piense en ti **en el suelo o sobre un mueble o escritorio.** Como tú desees.

3. ¡Atención!
Los hechizos de magia blanca de "almohada" se hacen para que **tu persona amada o alguien a quien deseas, sueñe contigo y piense en ti**

Sin embargo, soñar contigo, para cada persona, puede significar algo distinto. **Es muy importante que tu hechizo de magia blanca esté destinado a conseguir algo concreto:** despertar curiosidad, llamar la atención, descubrirle a alguien tu existencia, enamorar…

Por eso, antes de comenzar el ritual, decide qué deseas conseguir

4. Comienza *situando el plato delante de ti, en el centro, ya sea de un escritorio, en el sueño...* Y haz un **círculo fino con sal, como podrás ver en la siguiente imagen.** Y sitúa **en medio del plato el vaso vacío.**

5. A continuación, escribe en el papel, con el rotulador o bolígrafo de tinta negra, el siguiente mensaje:

"Llego de lejos, para estar cerca.
Vengo en la noche, para estar en tu luz.
Estando en esta cama yo, sueñas conmigo tú"

6. Ahora, **por la parte trasera de la hoja,** debes escribir el **nombre de la persona que deseas atraer,** amar o que te gusta.

Puedes escribir solo su nombre, su nombre completo o sus iniciales.

Si no conoces su nombre, tan solo escribe aquello que le representa. Por ejemplo: *"el chico que me gusta"*, *"mi compañera de trabajo que amo"*, etc.

Si has decidido emplear el ingrediente opcional (la fotografía de la persona amada, deseada, anhelada o querida ☐) debes **pegarla con cinta adhesiva,**

pegamento o graparla justo al lado de su nombre.

7. A continuación **dobla la hoja varias veces y métela dentro del vaso vacío.** Entierra ahora con azúcar la hoja, **hasta que no se vea.**

Para ello **llena con azúcar el vaso.** No necesitas llenarlo por completo, solo **echa azúcar hasta que no se vea desde arriba el papel.**

Continúa tu hechizo de Amor del Papel y la Almohada **tirando por encima del azúcar unas gotas de leche.**

Para ello, **puedes ayudarte con tus propios dedos,** mientras lances las gotas de leche, **pronuncia en alto la siguiente frase:**

"Así como la leche te duerme,
Así como el azúcar te endulza,
Estaremos juntos esta noche,
En tus mejores sueños".

Una vez la leas, **queda en silencio unos minutos, con los ojos cerrados, visualizando en tu interior aquello que deseas conseguir** (y siente que YA lo has obtenido.

Recuerda, como antes te expliqué, que puede ser *despertar su curiosidad, llamar su atención, descubrirle a tu existencia, enamorarlo, comenzar a salir con ella*, etc.

8. Por último, **tira a la basura la sal del círculo del plato y el azúcar del vaso.**

Con el plato y el vaso, una vez limpios, puedes emplearlos en tu cocina o en otros rituales.

Y con **el papelito debes meterlo, justo en ese momento, debajo de tu almohada.**

Puede ser entre la cama y la almohada □ **o dentro de la propia almohada** (en el relleno o la funda).

Ahí **debe permanecer durante, AL MENOS, 15 días.** Así te aseguras que los efectos llegan a tu vida.

Mi consejo es que **permanezca ahí hasta que la persona deseada comience a acercarse a ti, cosa que puede ocurrir en cuestión de horas o días.** Una vez esto suceda tira sin miedo la hoja a la basura, fuera de casa, porque el cambio mágico ya estará iniciado gracias al mejor y casero hechizo de amor de la almohada.

Sin embargo, **si deseas repetir el ritual, debes tirar a la basura la hoja y comenzar el ritual desde el principio.**

(44)

RITUAL DEL VASO DE AGUA PARA QUE PIENSE EN MÍ

Si quieres que el chico del cual estás enamorada te comience a buscar y no pueda dejar de pensarte, entonces este **hechizo** es perfecto para ti. **Hazlo durante la noche y la fase lunar debe ser luna llena**, así podrás aprovechar todas sus propiedades. Lo único que necesitas es un vaso transparente con agua, es aconsejable que lo llenes por completo.

Debo decirte que este hechizo es muy sencillo, sin embargo, tienes que buscar un lugar de tu casa en el que haya tranquilidad y puedas realizar este ritual sin ningún tipo de interrupción.

Mientras lo realizas ninguna persona te podrá escuchar o interrumpir, eso es primordial, ya que, si lo hacen, el conjuro se romperá y seguramente no tendrá ningún efecto.

Comienza el **ritual** bebiendo el agua que se encuentra en el vaso, luego di en el interior del vaso el nombre de la otra persona y sus características físicas, es decir, tipo de cabello, color de ojos y detalles similares. En el caso de que aún no hayas conocido su nombre, con las cualidades será suficiente.

Ahora vuelve a decir el nombre y características del chico que quieres en tu vida, pero en voz alta. Coloca el vaso al revés en una mesa de tu casa, puedes usar cualquiera, aunque te recomiendo utilizar una que se encuentre en tu habitación que frecuentes mucho, como puede ser tu habitación o el salón.

Al siguiente día repite el mismo procedimiento, lo único que cambiará será que vas a hacerlo aún con más fe y creerás aún más en lo que estás haciendo. Para finalizar, repite:

"*(Pronuncia el nombre de tu amado)* **me pensarás en cada momento de tu vida. No tendrás descanso hasta que logres verme. Así como yo te amo, tú lo harás por mí, incluso más**".

No vuelvas a tocar el vaso hasta que él te busque, cuando eso suceda, lávalo como lo harías normalmente y repite por última vez la oración. Si no te funciona después de esperar 7 días, realiza de nuevo el **hechizo**, pero esta vez deberás encender **2 velas blancas** y un **incienso de jazmín** entonces será infalible.

(45)

HECHIZO DEL VASO DE AGUA CON AZÚCAR

De este hechizo podemos destacar es que funciona perfectamente para **enamorar al chico que te gusta**, **atraer a tu ex pareja** o **reconciliarte con un amigo** si han tenido problemas. Para hacerlo necesitarás un vaso de agua, azúcar, una cuchara, un trozo de papel y un lápiz rojo.

En el trozo de papel anota el nombre de la persona que quieres atraer a tu vida. Si conoces su número telefónico debes también, cuantos más detalles proporciones mejor, y más fácilmente se cumplirá tu propósito.

Ahora hecha dos pequeñas cucharadas de azúcar en el **vaso de agua**, después te la tomas, al mismo tiempo imagina a esa persona buscándote y donde te gustaría que fuese vuestra primera cita.

En el momento que el vaso se encuentre vacío, pon el papel en el fondo, además te recomiendo que hayan quedado algunas gotas de agua. Permite que transcurran 10 minutos y, posteriormente, tira la hoja.

Lava muy bien el vaso de agua, ya que vas a repetir el **hechizo** durante 5 días consecutivos. Es importante que ninguna persona descubra que estás haciendo este ritual.

El último día llena nuevamente el vaso con agua y lo colocas **debajo de tu cama**, si no es posible, entonces ponlo en una mesa cercana. No lo vayas a tocar hasta que la otra persona haya demostrado que le **interesas**. Lo más común es que haga efecto en 2 semanas.

(46)

HECHIZO DEL VASO DE AGUA PARA QUE ME BUSQUE

Este **ritual** es uno de los más eficaces de realizar para que aquel ser amado te busque. Es importante que tengas mucha fe y confianza en ti mismo. Es posible hacer el **ritual** cualquier día de la semana, aunque **te recomiendo hacerlo por la noche**.

Busca un sitio tranquilo de tu hogar en el que haya silencio y te puedas concentrar. También consigue una vela blanca, un vaso de cristal, cerillas de madera, una hoja de papel, un lápiz y una jarra de agua.

Empezaremos enciendo la vela, después tendremos que anotar en la hoja los nombres y apellidos de la persona que te buscará. Dobla el papel con cuidado y durante 3 minutos sostenlo con tu mano alrededor del fuego sin que lo quemes, de esa forma atraerás las **energías positivas**.

Pon el papel en el fondo del vaso y vierte el agua en su interior. Coloca tus manos alrededor y concentra todas tus energías para que se impregne de las buenas vibras, te recomiendo realizar esto mínimo 5 minutos.

Permite que la vela se consuma por completo y guardas las cenizas en una bolsa pequeña. Seguidamente esconde el vaso **debajo de tu cama**, es importante que nadie lo toque ya que perdería toda la energía y el hechizo no funcionaria.

El tiempo que debes dejar el **vaso debajo de tu cama** será de una noche, después vas a desechar el agua y lo lavarás como lo harías normalmente.

Al día siguiente tu ser amado comenzará a sentir la necesidad de verte, hablarte y tomar algo contigo. Lo más probable es que no te busque hasta que hayan transcurrido 3 días, ya que en ese momento no podrá resistir hablar contigo.

Es opcional, pero te aconsejo repetir el ritual después de dos días, haz lo mismo sin cambiar nada. Esto ayudará a que las energías positivas lleguen más rápido al entorno de tu amado y así te comience a buscar.

HECHIZO PARA QUE PIDA PERDÓN EN TAN SOLO 7 DÍAS

No es un ritual muy popular, pero su efectividad es su cualidad más resaltable. Frecuentemente **hace efecto en 4 días, pero máximo será en 7 días.**

Recuerda que este hechizo como los demás funciona por medio de la **magia blanca.**
Durante esta ceremonia te recomiendo tener gran sinceridad y esperanza.

Materiales necesarios:

Cinta de color rojo.
Un trozo de papel.
Una zanahoria pequeña.
Algunas gotas de aceite.
Un recipiente.

Pasos:

Escribe en el trozo de papel tu nombre y el de tu pareja. También describe brevemente el inconveniente que habéis tenido y por el cual quieres que te pida perdón. Si no hay un inconveniente en específico, escribe los que más recuerdes.

Voltea el trozo de papel y anota lo siguiente: "PERDÓN".

Deberá ser grande y en mayúscula.

Dobla el papel cuidadosamente.

Ahora toma la hoja y ponla alrededor de la zanahoria.

Luego vas a amarrar el papel y la zanahoria con la cinta roja.

Coloca la zanahoria en el recipiente y aplica las gotas de aceite lentamente.

Finalmente, repite esta poderosa oración: "Tú (pronuncia el nombre de tu pareja), pídeme perdón ahora mismo. Vendrás rápidamente y me vas a rogar que te perdone. Que se cumpla por el gran poder del amor".

RITUAL DE LA CEBOLLA PARA QUE TE PIDA PERDÓN

La cebolla resulta ser un complemento perfecto para las ceremonias en las que una persona debe pedir perdón, porque en ocasiones llorará.

No importará el motivo del problema o si fue muy grave, lo único que será necesario es tu energía positiva y una gran convicción.

Materiales:

Una cebolla pequeña.
Una fotografía de la persona.
Una cinta blanca.
Un recipiente con tapa.
Un cuchillo.
Una mesa pequeña.

Pasos:
Lo harás durante un lunes en la noche.
Vas a partir la cebolla por la mitad.
Luego colocas una de las partes de la cebolla en el recipiente.
Ahora pondrás la foto en la mitad de esa cebolla y encima dejas la otra parte cortada.

Después vas a tapar el recipiente y lo sellas con la cinta blanca.

Haz tu petición y visualiza a tu pareja pidiéndote perdón durante algunos minutos.

Pronuncia esta oración: *"Quiero que vuelvas pidiéndome perdón. Por el gran poder de la cebolla, llorarás desconsoladamente y al mismo tiempo me ofrecerás unas disculpas"*.

Deja el recipiente tapado dos días en la mesa sin tocarlo.

Por último, entierras el recipiente en tu jardín o un parque cercano. Muy pronto él regresará ofreciendo disculpas.

(49)

HECHIZO DE LA MANZANA PARA QUE REGRESE

Es uno de los rituales más efectivos para que tu pareja vuelva ofreciendo disculpas. Sus principales elementos son **una vela y una manzana**.

Realiza la ceremonia con mucha **seguridad, honestidad y humildad**.

Materiales:

Manzana roja.

Algunos gramos de azúcar.

Un plato.

Cinta roja.

Miel.

Una vela blanca.

Una hoja de papel.

Un cuchillo

Pasos:

Escribe en la hoja el nombre de tu pareja y más abajo tu nombre. Por el otro lado del papel harás lo mismo.

Vas a encender la vela y esperarás algunos minutos a que haya cera.

Luego vierte un poco de cera sobre la hoja de papel.

Abre un pequeño orificio en la manzana, porque después vas a introducir allí el papel doblado.

Dobla el papel e introdúcelo en la manzana, también aplicarás algunos gramos de azúcar y la miel sobre ella.

Para sellar el orificio, lo harás con un poco de cera de la vela.

Ahora vas a amarrar la manzana con la cinta roja, hazlo despacio.

Di la siguiente oración en voz alta: "Así como esta manzana está atada, yo hago lo mismo contigo, volverás ahora mismo pidiéndome perdón con sinceridad total".

Guarda la manzana en un lugar en que la luz del Sol no la ilumine. Cuando hayan pasado dos días, vas a botarla muy lejos de tu casa.

(50)

RITUAL CON VELAS PARA QUE TE BUSQUE

El propósito de este ritual es que tú y tu pareja podáis renovar vuestra relación, así hayáis tenido un problema muy grave.

Te recomiendo esperar un tiempo de 14 días para que haga efecto. Sin embargo, frecuentemente hay señales muy positivas en los primeros 7 días.

Realiza la ceremonia con humildad, devoción y esperanza.

Materiales:

Una foto de tu pareja.
Dos velas blancas.
Dos velas rojas.
Canela.
Una mesa pequeña decorada con un mantel blanco.

Pasos:

Inicia colocando la foto en el centro de la mesa.
Luego vas a frotar con la canela cada vela, debe ser suavemente y durante algunos minutos.
Al mismo tiempo repite esta oración: "Vuelve ahora mismo a mi lado ofreciéndome disculpas, yo te perdonaré

rápidamente. Que nuestro amor venza las malas energías".

A la izquierda de la foto pon las dos velas rojas y a la derecha las dos velas blancas. Cada vela debe estar en una esquina de la foto.

Ahora vas a encender las velas con mucha devoción, también repite lo siguiente: *"Por el poder que tienes en la Tierra Dios, te pido que (pronuncia el nombre de tu pareja) regrese arrepentido. Que nuestra relación triunfe sobre el mal"*.

Deja que las velas se consuman. Finalmente, repite la última oración.

(LA CORTESIA UNA MAS)
CEREMONIA CON LA CEBOLLA

Es el hechizo ideal en el caso de que tu pareja esté muy orgulloso y no te quiera pedir disculpas por ningún motivo.

Nunca utilices esta ceremonia en venganza, ya que así no funcionará.

Realiza este ritual con mucho amor, sinceridad y seguridad.

Materiales:

Una cebolla pequeña.

Un recipiente de metal.

Aceite.

Un trozo de papel.

Algunas cerillas.

Un cuchillo.

Pasos:

Debes hacer el ritual un viernes en la noche. Lo recomendable es que la Luna se encuentre visible. Anota en el trozo de papel el nombre completo y la fecha de nacimiento de tu pareja. Si no sabes su fecha de nacimiento, pon la fecha en que iniciaron la relación.

Por el otro lado del trozo, escribe: *"Dios poderoso que me ayudas en todo, deseo que (anota el nombre de tu pareja) regrese a mi lado pidiéndome perdón"*.

Ahora quema el trozo de papel en el recipiente, al mismo tiempo visualiza el momento en que tu pareja regresa.

Parte la cebolla en dos y luego la vas a dejar en el recipiente.

Aplica unas gotas de aceite sobre la cebolla.

Di esta oración: "El gran poder que tiene el amor nos unirá de nuevo. Volverás rápidamente y me vas a rogar que te perdone".

Bota la cebolla en un lugar que se encuentre lejos de tu casa.